Fuerteventura

Izabella Gawin

MERIAN-TopTen

Höhepunkte, die Sie unbedingt sehen sollten

1 Playas de Sotavento de Jandía
Sand wie Samt, 25 Kilometer lang – nirgends fühlen sich Strandläufer und Wasserratten wohler (→ S. 31).

2 Dünen von Corralejo
Über 24 Quadratkilometer erstreckt sich das größte Dünengebiet der Kanaren (→ S. 38).

3 Ajuy
In den Klippen bei diesem Dorf sind verwitterte Korallenarme und Schneckenhäuser verborgen, die von Wasser und Wind freigelegt werden (→ S. 61, 87).

4 Betancuria
Die alte Inselhauptstadt ist zweifellos der schönste Ort auf Fuerteventura (→ S. 62, 86).

5 Mirador Morro Velosa
Vom 645 Meter hohen Aussichtspunkt blickt man auf rötliche Ebenen und sanft gewellte Vulkanberge (→ S. 70, 86).

6 Casa Mané in La Oliva
Die beste Adresse für Liebhaber moderner Kunst: Im restaurierten Herrenhaus stellen kanarische Maler und Bildhauer ihre Werke aus (→ S. 70, 89).

7 Tefía
Im Freilichtmuseum wird die untergegangene Welt der Bauern vor dem Vergessen bewahrt (→ S. 79, 89).

8 Casa Don Antonio in Vega de Río Palmas
Im Herrenhaus gegenüber der Wallfahrtskirche kann man stilvoll tafeln (→ S. 82).

9 Playa de Barlovento
An den legendären Stränden der Südwestküste genießt man Einsamkeit pur (→ S. 90).

10 Felsinsel Lobos
Ein Fährschiff bringt Besucher vormittags nach Lobos und holt sie am Nachmittag wieder ab (→ S. 92).

MERIAN-Tipps ⋯>
finden Sie auf Seite 128

Inhalt

Erläuterung der Symbole

Für Familien mit Kindern besonders geeignet

Diese Unterkünfte haben behindertengerechte Zimmer

In diesen Unterkünften sind Hunde erlaubt

CREDIT *Alle Kreditkarten werden akzeptiert*

Keine Kreditkarten werden akzeptiert

Übernachtung für zwei Personen im Doppelzimmer mit Frühstück:

●●●●	*ab 225 €*	●●	*ab 100 €*
●●●	*ab 150 €*	●	*bis 100 €*

Preise für ein Menü ohne Getränke und Trinkgeld:

●●●●	*ab 50 €*	●●	*ab 20 €*
●●●	*ab 30 €*	●	*bis 20 €*

Karten und Pläne

Die Buchstaben-Zahlen-Kombinationen im Text verweisen auf die Planquadrate der Karten, z. B.

---> S. 118, C 5 Kartenatlas
---> S. 75, b 2 Detailkarte innen

Fuerteventura stellt sich vor

Vom Wind geformt: Die Dünen der Playas de Sotavento de Jandía (→ S. 31) sind Kunstwerke der Natur. Der Goldstrand ist 25 Kilometer lang und bis zu 500 Meter breit.

Ein Stück Wüste im Atlantik – mit fantastischen Stränden, Dünen und asketischem Hinterland –, so erscheint Fuerteventura, wo man seine Ferienträume verwirklichen kann.

Fuerteventura ist die zweitgrößte und zugleich die am dünnsten besiedelte der sieben Kanarischen Inseln. »Eine Oase in der Wüste der Zivilisation« – Worte des Schriftstellers Miguel de Unamuno, der 1924 auf diese Insel verbannt wurde und sich von ihr literarisch inspirieren ließ: »Dieses Skelett aus Erde, felsige Eingeweide, die aus der Tiefe des Meeres emporgestiegen sind; dieses rötliche, vom Durst gepeinigte Gerippe – und doch, welch eine Schönheit!«

Europas schönste Strände

Schon beim Anflug auf Fuerteventura bekommt der Besucher einen Vorgeschmack auf das, was ihn erwartet. Ein kahler Gebirgszug durchzieht die Insel auf knapp 100 Kilometern Länge, dunkles Abbild längst erloschener Vulkane. Vor 7000 Jahren haben sie ein letztes Mal Feuer gespuckt. Schluchten und Täler graben sich ins Bergmassiv, ein Stück unwirtliche Erde, von der Sonne versengt.

Was die Urlauber vor allem an Fuerteventura begeistert, sind die weißen, feinsandigen **Strände**. Die schönsten liegen im Norden bei Corralejo und im Süden auf der Halbinsel Jandía. Sie erstrecken sich kilometerweit entlang der Küste, umsäumt von **Wanderdünen**. Da findet jeder, was er begehrt, egal ob als passionierter Strandläufer, Schwimmer oder Surfer. Das Wasser ist kristallklar, Taucher bewundern den Fischreichtum und gleiten durch unterseeische Grotten.

Baden ist auf Fuerteventura das ganze Jahr über möglich, und es gibt so viele Sonnenstunden wie auf keiner anderen Kanarischen Insel. Die Temperaturen bewegen sich zwischen 20 und 28 Grad, auch nachts ist es mit 13 bis 19 Grad angenehm mild. So heiß wie in der nahen Sahara wird es auf Fuerteventura nur, wenn der Wind auf Ost oder Südost schwenkt, doch das geschieht zum Glück selten. Meist weht er aus nordöstlicher Richtung; der kühle Meeresstrom tut ein Übriges, um die Temperaturen zu drücken.

Stillleben à la Fuerte: So mancher Urlauber wird seine Liebeserklärung an die Insel im nächsten Jahr wiederholen ...

An Fuerteventura scheiden sich die Geister – man liebt die Insel oder man verachtet sie. Freilich reagieren nur wenige so schroff wie der Satiriker Matthias Altenburg, der allerorts nichts als Tristesse wahrnahm: »Es gibt nur Wind hier und Staub und Dreck, der den ganzen Tag von dem Wind über die dreckige Insel geblasen wird.« Liebhabern gepflegter Promenaden und Parkanlagen mag Altenburg aus der Seele sprechen: Tatsächlich haben sie auf Fuerteventura wenig Grund, glücklich zu sein.

Auch kulturell bewegt sich wenig. Es gibt kaum eine Sehenswürdigkeit, selbst in der Hauptstadt sind Museen und Baudenkmäler Mangelware. Canarios von den Nachbarinseln nutzen jede Gelegenheit, sich von den vermeintlich kulturlosen **Majoreros**, so werden die Bewohner Fuerteventuras genannt, abzuheben. In einem Spottlied über die Insel heißt es: »Im Ziegenhafen gibt es keine Ziegen, in Oliva keine Oliven und in Antigua nichts Antikes.«

Die Majoreros, so heißen die Inselbewohner, leben heute hauptsächlich vom blühenden Geschäft mit den Touristen.

Diesen Mangel werten Fuerte-Fans freilich gerade als Vorzug. Ein Netz touristischer Highlights, sagen sie, lenkte doch nur ab von der spröden, asketischen Schönheit der Insel. So weit man schauen kann: Berge in einer Farbskala von Rostrot bis Aschgrau, zertrümmerte Lavaströme und steppenartige Ebenen, auf die sich der Staub der Sahara legt. Da verdichtet sich Landschaft zu einem Mosaik der Stille, und die Freiheit darf grenzenlos sein.

Mosaik der Stille

Wer sich ins Innere der Insel aufmacht, fühlt sich als Wanderer im Niemandsland. An der Landenge im Süden Fuerteventuras durchstreift man die Wüste von **El Jable**. Der Name »Jable« ist eine Verballhornung des Wortes »Sable«: So nannten die Eroberer aus der Normandie den weißen Treibsand aus dem Meer. Übrigens gibt es im Inselnorden eine Landschaft gleichen Namens: Auch dort steht er für flirrende Dünenfelder, in denen man sich stundenlang herumtreiben kann.

Für welches Ziel Sie sich auch entscheiden mögen, kaum ein Mensch wird Ihnen unterwegs begegnen, dafür umso mehr meckernde Ziegen. Auf 70 000 beläuft sich ihre Zahl – was bedeutet, dass es auf der Insel etwa genauso viele Ziegen wie Menschen gibt. Begierig stürzen sie sich auf jeden hervorlugenden Halm und lechzen nach dem Winterregen, der dafür sorgt, dass sich an den Hängen ein grüner Flaum bildet.

Die Monotonie der Landschaft wird aufgelockert von stolz aufragenden Palmen, die überall dort gedeihen, wo es noch ein wenig Grundwasser gibt. So in **Vega de Río Palmas**, wo hunderte kanarischer Dattelpalmen eine üppige Oase bilden, oder in **Valle de Santa Inés**, wo breite Terrassenfelder in die Bergflanken geschlagen wurden.

Gleichfalls in einem palmenbewachsenen Tal liegt der geschichtsträchtige Ort **Betancuria**, die einstige Hauptstadt Fuerteventuras. Mit ihren weiß getünchten Häusern darf sie sich rühmen, schönster Ort der Insel

Palmenoasen und Felder

zu sein. Von dort ist es nicht weit zu einem anderen Juwel: Der kleine Stausee **Presa de las Peñitas** mutet wie eine Fata Morgana an; an seinem Ufer wiegen sich Schilf- und Bambusrohr im kühlenden Wind.

In den Bergdörfern haben sich die Bewohner in mühseliger Kleinarbeit eine lebendige, »grüne« Gegenwelt zur kargen Landschaft geformt. Aus Baumkronen ertönt hundertfaches Vogelgezwitscher, Palmen spenden den Feldern den dringend benötigten Schatten.

Noch vor gar nicht langer Zeit haben Windräder das Grundwasser aus der Tiefe gepumpt; heute bedient man sich der Maschinenkraft, um die Tomatenplantagen zu bewässern. Aber man sieht sie schon wieder, die alten Windmühlen: Zur Freude der Touristen werden im Zentrum der Insel mehrere von ihnen restauriert. Schon spricht man von einer **Ruta de los Molinos**, auf der man Mühlen mit riesigen Flügeln bewundern kann.

Die erste Karte, auf der die Kanarischen Inseln verzeichnet sind, erschien bereits im Jahr 1339. Darauf ist auch **Laforte Ventura** verzeichnet, das »starke Abenteuer«. Wie die Insel zu diesem Namen kam, ist ungewiss. Vielleicht stammt er von Schiffbrüchigen, die hier Rettung fanden,

Renaissance der Windmühlen

vielleicht auch von Sklavenjägern, die reiche Beute machten, oder von kühnen Adeligen, die sich die Eroberung der Insel ausmalten.

Die asketische Schönheit der Vulkanlandschaft, die Einsamkeit und Stille – auf Fuerteventura lockt der Reiz des Kargen.

»Insel des starken Abenteuers«: ein sehr verheißungsvoller Titel, der Außergewöhnliches in Aussicht stellte. Freilich machte die wasserarme Insel rasch alle hochfliegenden Träume zunichte. Erobert wurde sie 1404 von Jean de Béthencourt, einem normannischen Ritter in spanischen Diensten, der kurz zuvor Lanzarote eingenommen hatte. 300 Altkanarier überlebten das Gemetzel – zu wenig Arbeitskräfte, um der Insel dauerhaft Profit abzuringen. Also organisierte Béthencourt, mittlerweile stolzer Graf von Fuerteventura, Menschenraub an der nordwestafrikanischen Küste. Und er erkannte, dass es bedeutend lukrativer war, die gefangenen Berber zu verkaufen, als sie für sich arbeiten zu lassen. Für mehr als 100 Jahre wurde der Sklavenhandel großen Stils wichtigste Einkommensquelle der Grafen. Erst als die Berber zum Gegenschlag ausholten und die Insel mehrfach überfielen, plädierte der spanische König für ein Verbot der Raubzüge.

Die pittoreske Windmühle ist das Wahrzeichen des Kunsthandwerkerdorfes Lajares (→ S. 68).

Ab dem 16. Jahrhundert baute man Getreide an. Möglich war dies vor allem im Osten der Insel, wo sich in weiten Tälern Schwemmland angesammelt hatte. Die Viehzucht wurde in den westlichen, damals noch bewaldeten Teil der Insel abgedrängt. Für die Insel hatte dies verheerende Folgen. Die Ziegen fraßen die Hänge kahl, aufgrund des nur spärlichen Niederschlags konnte sich die Vegetationsdecke nicht regenerieren. Denn die meist sintflutartigen Regenfälle rauschen ungenutzt ins Meer und reißen noch die letzten Körnchen fruchtbarer Erde mit sich.

Ab Ende des 17. Jahrhunderts häuften sich Dürreperioden, Hungersnöte zwangen die Bewohner zur Emigration. Bis zur Mitte des 20. Jahrhunderts zählte Fuerteventura nie mehr als 13 000 Bewohner. Es war das Armenhaus der Kanaren oder auch – wie es in einem Volkslied heißt – eine »Insel der Verlorenen«. Fuerteventura war der Ort, von dem es keine Rückkehr gab – Demokraten und Kommunisten wurden hierher verbannt, besonders häufig unter der Militärregierung Primo de Riveras und unter der Herrschaft General Francos.

»Insel der Verlorenen«

Im Jahr 1964 schien sich ein Ausweg aus der immerwährenden Krise zu öffnen. »Die Einheimischen zählen darauf, dass Regenmangel, Sonne und der feine Sand – bisher der Grund ihrer Armut – nunmehr auf der Woge des Tourismus zur Basis des Wohlstands werden möge.« So berichtete das MERIAN-Heft zu den Kanarischen Inseln. Zwei Jahre später war auf Fuerteventura das erste Ferienhotel fertig gestellt. Es war die Casa Atlántica

Viele Kite-Surfer haben Fuerteventura dank der guten Windverhältnisse zum Lieblingsziel erkoren.

in Jandía, erbaut von Gustav Schütte, dem touristischen Pionier dieser Insel. In der Folge entstanden weitere Hotels, auch in Corralejo und südlich der Hauptstadt.

Als sich Spanien 1975 aus der Westsahara, seiner letzten afrikanischen Kolonie, zurückzog, wurde die dort stationierte, 4000 Mann starke

Hoffnungsträger Tourismus

Fremdenlegion nach Fuerteventura verlegt. Die Söldner stellten etwa ein Fünftel der Bevölkerung und führten sich auf wie die Herren der Insel. Puerto del Rosario wurde »ihre« Stadt, dort entstanden Kneipen- und Rotlichtviertel. Als sie immer dreister die Rechtsverhältnisse auf den Kopf stellten, formierte sich vor allem unter jungen Majoreros Widerstand gegen ihre Präsenz. 1980 kam es in der Hauptstadt zu Straßenschlachten, doch Madrid zog die Soldaten nicht ab.

Trotz der mit der Fremdenlegion verknüpften Skandale setzte auf Fuerteventura ein touristischer Bauboom ein – freilich nicht in der Hauptstadt, sondern in sicherer Entfernung fernab in **Jandía** und **Corralejo**. Lange Zeit wurde nicht schön, sondern »zweckmäßig« gebaut. Erst in den letzten Jahren hat man erkannt, dass landschaftliche Verschandelung die eigene Lebensgrundlage untergräbt. Man entwirft nun »höchstens« vierstöckige Hotels und sorgt dafür, dass keine Häuser direkt am Strand entstehen. Betuchte »Qualitätstouristen« sind gefragt, doch die sind umweltbewusst und, wie man erfährt, nicht leicht zufrieden zu stellen.

Mit dem Slogan »Fuerte hat mehr als nur Sonne, Strand und Meer« versucht die Inselregierung, Urlauber auch ins Landesinnere zu locken. Mit finanzieller Unterstützung der Europäischen Union hat sie erste Mühlen und Bauernhäuser aufpoliert, jahrhundertealte Wanderwege restauriert und kleine Landhotels errichtet.

Vor diesem Hintergrund kam die Idee des berühmtesten spanischen Bildhauers Eduardo Chillida wie gerufen, den **Kultberg Tindaya** in eine gigantische Skulptur zu verwandeln. Eine 50 Kubikmeter große, gemeißelte Höhle im Inneren des Vulkans soll seine Idee des »leeren Raumes« verwirklichen. Die Inselregierung knüpft an das Prestigeprojekt große Hoffnung. Sie hofft damit das Negativbild einer »kulturlosen Insel« abschütteln zu können. Doch Öko-Gruppen sind gegen das Projekt und kündigen Widerstand an.

Neues Image für die Insel

Auf der ganzen Insel erschallt der Ruf: Tindaya, der heilige Berg der Ureinwohner, darf nicht verstümmelt werden!

Gewusst wo ...

Die zahlreichen Stammgäste des Ferienzentrums Stella Canaris (→ S. 57) in Jandía schätzen den riesigen Garten mit mehreren Poollandschaften.

Die meisten Sonnenstunden der Kanaren, ganzjährig milde Wassertemperaturen – und je nach Gusto Nichtstun oder Action am Strand: »Fuerte«, wie die Insel genannt wird, ist ideal für Badeurlaub.

Übernachten

An der Küste Clubs, Apartments und Komforthotels, im Landesinnern gemütlich-rustikale Unterkünfte.

Auch das Vier-Sterne-Hotel Jandía Princess (→ S. 53) in Esquinzo ist mittlerweile »all inclusive«, wie immer mehr Unterkünfte auf Fuerteventura.

Sporteinrichtungen und Pools mit Sonnenterrasse gehören mittlerweile auch in kleineren Hotels zum Standard. Und zur morgendlichen Stärkung gibt es in der Regel ein üppiges Buffet. Alle diese Vorzüge können nicht darüber hinwegtäuschen, dass sich viele Anlagen architektonisch schlecht in die Landschaft einfügen. Innerhalb weniger Jahre wurden auf Fuerteventura 60 000 Betten aus dem Boden gestampft – sehr oft auf Kosten der Ästhetik.

Robinson und Co.

Nirgendwo sonst auf den Kanaren gibt es so viele Clubs wie auf Fuerteventura. Wer dort seine Ferien verbringt, legt Wert auf ein umfangreiches Sportangebot und Animation rund um die Uhr. Viele Sportarten wie Gymnastik und Aerobic, Basket- und Volleyball, Tauchen und Surfen müssen nicht extra bezahlt werden. Aldiana verspricht »Urlaub unter Freunden«, Robinson verheißt »Zeit für Gefühle«.

Pauschal oder individuell?

Durch Einkauf großer Bettenkontingente erzielen Reiseveranstalter bei den Hoteliers erstaunliche Rabatte. So erklärt es sich, weshalb in derselben Unterkunft der Pauschaltourist oft weniger zahlt als der Individualurlauber. Und er hat weitere Vorteile: Transfer und Reiseleitung sind im Preis inbegriffen, für Halbpension wird oft nur ein geringer Aufschlag berechnet.

Individualurlauber, das sei nicht verschwiegen, haben es auf Fuerteventura etwas schwer: Kleine Landhotels findet man nur in Pájara, Casillas del Ángel, Antigua und Villaverde, Pensionen und Apartments in Corralejo, El Cotillo, Las Playitas und Morro Jable.

MERIAN-Tipp

1 Casa de los Rugama

Ein Landhotel abseits des Tourismus, im Innern der Insel: Keine Kosten wurden gescheut, um authentisches Ambiente vergangener Zeiten zu vermitteln. Im Gehöft aus dem 18. Jh. sind die originalen Dielen und Dachstühle, Holzgalerien und Portale restauriert, die Zimmer mit Antiquitäten möbliert. Man nimmt auf Biedermeiersesseln Platz, badet in wuchtigen Wannen und telefoniert mit einem Apparat aus der Pionierzeit der Telekommunikation. Im Garten mit alten Palmen und Olivenbäumen befindet sich ein Pool, in der ehemaligen Zisterne die Sauna mit Jacuzzi.

Casillas del Ángel, Ctra. FV-20 Km. 10; Tel. 928538224, Fax 928538081; 12 Zimmer ●● MASTER VISA → S. 117, C 4

Camping ist offiziell nicht erlaubt, wird aber (noch) geduldet, sofern man sein Zelt nicht in geschlossenen Ortschaften oder im Naturschutzgebiet aufstellt. Die Gemeindeämter erteilen die Genehmigung fürs Zelten auf speziellen Zonas de acampada (Campingzonen). Diese befinden sich z. B. in Cofete und am Roque del Moro, verfügen aber über keine sanitären Anlagen.

In der Hauptsaison (Dezember bis April), insbesondere während der Weihnachts- und Osterferien, ist es schwierig, vor Ort ein freies Zimmer zu finden. Wer seinen Urlaub in einem ganz bestimmten, pauschal nicht angebotenen Haus verbringen oder sich zumindest für die erste Nacht ein Dach über dem Kopf sichern möchte, reserviert die gewünschte Unterkunft im Voraus.

Empfehlenswerte Hotels und andere Unterkünfte finden Sie jeweils bei den Orten im Kapitel »Unterwegs auf Fuerteventura«.

Essen und Trinken

Fisch und Meeresfrüchte, danach Ziegenkäse – die Inselküche ist einfach, aber schmackhaft.

Restaurant in Morro Jable (→ S. 53). In dem einstigen Fischerdorf geht es noch beschaulicher zu als im benachbarten Jandía (→ S. 53).

Die gastronomische Vielfalt, wie man sie von den Nachbarinseln kennt, gibt es auf Fuerteventura nicht. Nur in Morro Jable und Corralejo ist das Angebot reicher, nicht zuletzt dank der Festlandsspanier, Deutschen und Italiener, die dort zahlreiche Restaurants eröffnet haben. Aber da gibt es zum Glück noch die fantastischen **Strandbars**, die sich entlang der gesamten Küste von Costa Calma bis Jandía erstrecken. Dort wird so manche Speise aufgetischt, die selbst einen verwöhnten Gaumen zu begeistern vermag. Die frische Brise weckt Appetit auf knackigen Salat oder schmackhafte Meeresfrüchte, zum Beispiel auf »gambas al ajillo«, Krabben in pikanter Knoblauchsauce, die in einer glühenden Tonschale serviert werden. Und auch das Ambiente trägt zum Wohlgefühl bei. Man genießt herrlichen Ausblick aufs Meer und die ausrollenden Wellen, am Horizont sieht man vorbeifahrende Transatlantik-Kreuzer.

Wem es am Strand langweilig wird, setzt sich ins Auto und fährt ins Landesinnere. Dort hat er die Chance, ein paar **Einheimischen-Lokale** kennen zu lernen. Einige der dort angebotenen, für die Insel typischen Spezialitäten werden nachfolgend beschrieben – manch eines dieser schmackhaften Gerichte wird noch heute nach jahrhundertealten Rezepten zubereitet.

MERIAN-Tipp

2 Restaurant und Wohnanlage Coronado

Die kleine Anlage für gehobene Ansprüche thront auf einem Felsplateau 30 m über dem Strand. Die bis zu 120 qm großen Suiten und Apartments bieten viel Platz, Ruhe und unverstellten Meeresblick. Im Preis eingeschlossen ist die Benutzung der Quarzsand-Tennisplätze. Im Restaurant (tgl. außer Di 18.30–23 Uhr) geht es freundlich-ungezwungen zu, man stärkt sich mit hervorragenden Fisch-, Fleisch- und Pastagerichten. Tolle Nachspeisen!

Carretera General s/n, Solana Matorral, Jandía; Tel. 9 28-54 11 74,
Fax 9 28-54 02 14; www.solitour.com;
20 Wohneinheiten •• AmEx MASTER VISA

→ S. 120, C 12

Frisches aus dem Meer

Das Meer zwischen dem Archipel und der Sahara gilt als besonders fischreich. In Küstenorten wie Corralejo, Gran Tarajal und Morro Jable starten frühmorgens die Fischer, um ihre Netze auszuwerfen. Wenn sie zurückkommen, haben sie wahre Schätze an Bord. Rasch ist der Fisch gewogen und verladen, schon wenig später unterm Messer des Kochs. Sehr verbreitet ist der Papageienfisch (»vieja«) mit zartem, karpfenähnlichem Fleisch. Beliebt sind auch Zackenbarsch (»cherne«), Seehecht (»merluza«) und Tunfisch (»atún«). Meist isst man den Fisch »a la plancha«: Die herausgeschnittenen Filets werden auf einer heißen Metallplatte gebraten und nur wenig gewürzt – so kann sich der Eigengeschmack am besten entfalten.

Aus der Familie der Tintenfische sind die »calamares« am begehrtesten. Kleiner sind die »chocos«, die unzerteilt und meist auch unpaniert gegrillt werden, und die winzigen, dünnhäutigen »chipirones«. In Bars können Sie oft den mit Zwiebeln in Essig eingelegten »pulpo« probieren. Selten geworden sind die »patas de cabra«: Von den Klippen der Westküste werden die »Ziegenfüße« abgeschabt, Muscheln mit erstaunlich festem Fleisch!

Spezialitäten vom Lande

Tausende von Ziegen weiden auf den kargen Hängen Fuerteventuras, ernähren sich von Trockengras und Tamarisken. Ihr zartes Fleisch ist eine Delikatesse und wird in vielen Restaurants geführt – vor allem in den Monaten Januar und Februar, wenn die Jungtiere (»cabritos«) geschlachtet werden. Das Fleisch wird in einer herzhaften Kräutersauce mariniert (»en adobo«), im Ofen gebacken (»al horno«) oder in der Pfanne gebraten (»asado«). Im Herbst, wenn auf Fuerteventura das Jagdfieber ausbricht, kommen vor allem Wildkaninchen (»conejos salvajes«) auf den Tisch – eine leckere Alternative zum importierten Rind oder Schwein.

Gofio und Mojo: »Die Inselbewohner leben von ›gofio‹, Kartoffeln und Trockenfisch.« Dies schrieb der spanische Schriftsteller Unamuno in den 1920er Jahren. Zwar hat sich die Speisepalette seitdem erweitert, doch noch immer bilden die drei Gerichte das Rückgrat der kanarischen Küche. »Gofio«, das Grundnahrungsmittel schlechthin, ist geröstetes Mehl aus Weizen und Mais, für sich genommen ein »Arme-Leute-Essen«, fade und geschmacklos. Erst die Verknüpfung mit anderen Speisen macht ihn interessant, denn »gofio« nimmt ihren Geschmack an und intensiviert ihn sogar. Darum wird das traditionelle Gericht, dessen Wurzeln bis in die vorspanische Zeit zurückreichen, zu Suppe und Eintopf gegessen, als Beilage zu Fisch und Fleisch gereicht oder in Wein, Kaffee und Tee gestreut.

Besonders zu empfehlen ist »gofio con miel«, ein wunderbarer Kuchen, der mit Honig, Mandeln und Bananen angereichert wird – eine echte Alternative zum »flan«, dem bekannten Karamell-Pudding mit hausgemachter Sauce.

Wie »gofio« ist auch »mojo« in der prähispanischen Kultur verankert. Dabei handelt es sich um eine Sauce, die es in zwei Varianten gibt: Aus zerstampften roten Chilischoten, die mit Knoblauch, Essig und Öl angerührt sind, wird »mojo rojo« gewonnen, aufgrund seiner Schärfe auch »mojo picón« (beißender »mojo«) genannt. Der mildere »mojo verde« enthält frischen Koriander, der ihm seine charakteristische grüne Farbe verleiht. Ob rot oder grün – die pikante Sauce gehört zu jedem richtigen kanarischen Gericht. Köstlich schmeckt sie vor allem zu »papas arrugadas«, kleinen Runzelkartoffeln, die samt Schale in hochprozentigem Salzwasser gekocht wurden und von einem Mantel aus weißem Salzkristall umhüllt sind.

Prämierter Ziegenkäse

Bei uns sagt man: »Käse schließt den Magen«. Auf Fuerteventura ist man flexibel und wählt gern das umgekehrte Verfahren. Nicht selten bildet dort ein Teller mit dünn aufgeschnittenem Ziegenkäse den Auftakt zu einem opulenten Mahl.

Der Käse wird auf stets gleiche Art hergestellt: Ziegenmilch wird mit Lab aus dem Magen eines Jungtieres verrührt, bis sie gerinnt. Dann wird die Molke abgeschöpft und die festere, quarkähnliche Masse in eine aus Palmblättern geflochtene runde Form gepresst. Als Untersatz dient ein Holzbrett, dessen Rillen sich auf dem Laib als schmückendes Ornament abzeichnen. Zuletzt wird der Käse noch einmal kräftig mit Salz eingerieben, und schon ist er fertig: »queso fresco«, ein weißer, wirklich schmackhafter Frischkäse!

Je länger er reift, desto fester und würziger wird er. Nach mehreren Tagen Lagerzeit heißt der Ziegenkäse »tierno« und nach zwei Monaten »semicurado«. Ein »curado« hat mindestens sechs Monate auf dem Buckel, er ist scharf im Geschmack und so fest,

MERIAN-Tipp

3 Strandlokale in Corralejo

An der autofreien Promenade sitzen, ganz nah am Meer – dort, wo Fischerboote einlaufen oder Kurs nehmen auf die vorgelagerte Felsinsel. Wer sich diesen Wunsch erfüllen möchte, fährt nach Corralejo, wo sich entlang des lang gestreckten Paseo viele gute Lokale etabliert haben. Die Palette reicht vom Bistro Latino, in dem man schon am frühen Morgen Snacks bestellen kann, über die Factoría mit Pizza & Pasta bis zur Erlebnisgastronomie im Schweizer Restaurant El Sombrero.

Strandlokale Corralejo, Av. Marítima 23; tgl. ab 9 Uhr CREDIT

→ Umschlagkarte hinten, d 3

dass er nur schwer durchschnitten werden kann.

Dem Käse Fuerteventuras wird eine hervorragende Qualität bescheinigt. Als eines der wenigen Molkereiprodukte Spaniens darf er sich mit dem staatlichen Gütesiegel »denominación de orígen« schmücken. Er wird größtenteils in der Käsefabrik bei Gran Tarajal, in Casillas del Ángel und in Tindaya hergestellt.

Das Mittagessen (»almuerzo«) findet in der Regel von 13 bis 16 Uhr, das Abendessen (»cena«) von 20 bis 23 Uhr statt. In Touristenorten

Essenszeiten – in Hotels und Restaurants

wurden die Öffnungszeiten den Bedürfnissen der Touristen angepasst, das Abendessen wird dort meist schon ab 19 Uhr serviert, im Hotel manchmal noch früher. Für den kleinen Hunger zwischendurch empfehlen sich »tapas«: kleine, schmackhafte Portionen von Fisch, Fleisch und Salat, die man sich an der Bar auswählen kann.

Empfehlenswerte Restaurants und andere Lokale finden Sie jeweils bei den Orten im Kapitel »Unterwegs auf Fuerteventura«.

Frischer Fisch und Meerblick: Dinner an der Hafenpromenade von Corralejo (→ S. 37).

Einkaufen

Fast alles ist importiert, von der Insel kommen klassisches Kunsthandwerk und Aloe-Vera-Kosmetika.

In den Werkstätten der Casa Santa María (→ S. 62) in Betancuria kann man Frauen bei der traditionellen Lochstickerei zuschauen.

Größere Kaufhäuser, die alles unter einem Dach anbieten, gibt es nicht. Und auch Supermärkte sind bisher nur in den touristisch erschlossenen Regionen bekannt. In den Urlaubsorten wurden Einkaufszentren (**Centros Comerciales**) eingerichtet, in denen man außer Boutiquen und Souvenirshops auch Bars und Restaurants findet.

Mit Lebensmitteln versorgt man sich am besten in Corralejo, Jandía, Gran Tarajal und Tarajalejo sowie in der Hauptstadt Puerto del Rosario.

Nicht mehr so billig wie vor einigen Jahren, doch immer noch günstiger als daheim sind Tabakwaren und Spirituosen, vereinzelt auch Parfümerie-Artikel.

Schmuck

Zu den interessantesten Souvenirs gehören Schmuckstücke aus grünem **Olivin** von der Nachbarinsel Lanzarote. Der edle Stein, der aus einem harten Lavamantel befreit werden muss, wird zusammen mit Silber zu Broschen, Ohrringen und Anhängern verarbeitet.

Blumen

Pflanzen sollte man auf der kargen Insel nicht aus der Erde rupfen. Wer seine häuslichen vier Wände mit Drachenbaum, Palme oder Wolfmilchgewächs schmücken will, geht in eine **Jardinería** oder **Florestería** und erwirbt für wenig Geld ein Tütchen, in dem sich der kostbare Samen befindet.

Kunsthandwerk

Seit einigen Jahren werden alte Traditionen wieder belebt. Ältere Frauen geben ihr handwerkliches Können an die nächste Generation weiter, an einigen Orten darf man ihnen bei der Arbeit zuschauen. So etwa in den sehenswerten Werkstätten von Betancuria und Lajares, wo weiße Decken mit Lochmustern oder bunter Reliefstickerei verziert werden. Oft findet man kanarisches Kunsthandwerk auch auf den Wochenmärkten der Ferienzentren, so in Corralejo, Costa Caleta und Costa Calma, Jandía/Morro Jable.

Rund ums Meer

In den Centros Comerciales weiß man, dass das Geschäft rund um Sonne und Strand bestens läuft. Und natürlich finden neben Badegästen auch Surfer, was ihr Herz begehrt. In den Läden »Fuerte Action«, die im Inselsüden gleich achtmal vertreten sind, gibt es nicht nur Boards, Riggs und Neopren-Anzüge, sondern auch hochwertige Freizeitkleidung von Chiemsee und F2.

Modepflanze Aloe Vera

Auf den Feldern der Insel wird Aloe Vera angebaut, denn auf Fuerteventura findet die Pflanze, was sie zum Leben braucht: ein konstant warmes Klima mit viel Sonne. Nach frühestens fünf Jahren wird sie geerntet und ihren dicken, lanzenförmigen Blättern das gelartige Fruchtfleisch entnommen. Es ist reich an Aminosäuren, Vitaminen und Enzymen und daher ideal für die Pflege der menschlichen Haut. Das Gel wird schonend kalt gepresst und anschließend allerlei Kosmetika beigefügt: Tag- und Nachtcremes, Körperlotionen und Shampoos. Gut beraten wird man z. B. im Aloe Vera Info Center, dem »einzigen mit deutscher Apothekenzulassung« (Jandía/Morro Jable, Calle Bentejuy s/n, oberhalb des C.C. Cosmo).

Öffnungszeiten

Die Geschäfte sind in der Regel von Montag bis Freitag 9–13 und 16.30–20, am Samstag 9–13 Uhr geöffnet. In Touristenorten wie Corralejo und Jandía kann man in vielen Läden auch am Samstagabend und am Sonntag einkaufen.

Empfehlenswerte Geschäfte und Märkte finden Sie jeweils bei den Orten im Kapitel »Unterwegs auf Fuerteventura«.

Feste und Events

Ob nach der feierlichen Prozession oder beim Karneval: Tanz und Musik gehören immer dazu.

Ein absoluter Höhepunkt im Festkalender Fuerteventuras ist der Karneval, bei dem sich alte Traditionen mit modernen Elementen vermischen.

Schwindel erregend lang ist die Reihe der Heiligen, für die man auf die Straße geht. Sie heißen, um nur einige zu nennen, **Santa Inés** und **Santa Monica, San Vicente, San Juan** und natürlich **San Buenaventura.** Niemand weiß so recht, warum man ihrer alljährlich gedenkt, doch stets wenn die blasse Santa- oder Santos-Figur in ihrem rubinroten Samtgewand aus der Kirche getragen wird, herrscht ehrfurchtsvolle Stille. Auf einem Dutzend starker Schultern wird die blumengeschmückte Statue durch die Straßen des Dorfes getragen, dann ist der Spuk vorbei, und die Heiligengestalt wandert in den dunklen Kirchenraum zurück. Mit der Prozession ist die religiöse Pflicht erfüllt, und das Vergnügen kann starten. Man plaudert, speist und trinkt. Zwischendurch wird Folklore aufgeführt: Nicht schamhaft, sondern stolz und selbstbewusst treten junge Leute in farbenfroher Tracht auf die Bühne. Sie tanzen die temperamentvolle **Seguidilla** oder den bedächtigen **Sorondongo**, singen dazu von Liebe und Hass, Flucht und Verrat. Nach Mitternacht ändert sich das Bild: Verlief die Fiesta bislang ruhig und gesittet, ist nun Schwof angesagt – statt Folklore Pop & Salsa.

Die nachfolgende Übersicht ist eine Chronologie der wichtigsten Fiestas der Insel. Die Termine der Heiligenfeste können sich von Jahr zu Jahr ein wenig verschieben. Oftmals werden sie auf das nachfolgende Wochenende verlegt.

Januar

Fiesta de Nuevo Año

Zur Begrüßung des neuen Jahres gibt es ein prächtiges Feuerwerk; dazu werden Weintrauben verzehrt und Sektflaschen entkorkt.

1. Januar

Cabalgata de los Reyes Magos

Am Tag vor Heilige Drei Könige zieht eine Kamelkarawane durch Morro Jable, Corralejo, Puerto del Rosario, Antigua, Betancuria und Tuineje. Am Abend erhalten die spanischen Kinder ihre Weihnachtsgeschenke und führen sie stolz auf den Dorfplätzen vor.

5. Januar

Festival de Música

Im Rahmen des kanarischen Musikfestivals finden im Auditorium von Puerto del Rosario mehrere Konzerte statt.

Santa Inés

Patronatsfest in Valle de Santa Inés. Auf dem Dorfplatz treten die besten Folkloregruppen der Insel auf.

21. Januar

Februar

Fiesta de Nuestra Señora de la Candelaria

Patronatsfest in Gran Tarajal.

2. Februar

Fiesta de los Carnavales in Puerto del Rosario

Drei Wochen dauert der Karneval und gibt sich wie Rio de Janeiro in Miniatur: Mit schrillen Tönen nehmen die **Murgas** Lokalpolitiker aufs Korn, **Comparsas** tanzen in knappen Kostümen durch die Straßen. Bei der **Verbena de las sábanas**, dem »Ball der Bettücher«, verwandeln sich Männer in vollbusige Superfrauen und Frauen in monströse Vampire – grenzenlose Lust zur Verkleidung.

Zum Höhepunkt des Karnevals wird die Wahl der Königin: Siegerin wird jene junge Dame, der es gelingt, das zentnerschwere Glitzergewand graziös über die Bühne zu balancieren. **El entierro de la sardina,** das Begräbnis der Sardine, beschließt den Reigen. Im Gefolge einer riesigen Pappsardine wälzt sich ein schwarzer Trauerzug aus heulenden Klageweibern und Witwen, Greisen und Geistern durch die Stadt. Der Fisch wird über dem Meer entzündet,

Nach jeder Prozession – wie hier in Betancuria (→ S. 62) – wird fröhlich gefeiert.

und ein Feuerwerk erhellt die Nacht. Ist der Karneval in Puerto del Rosario zu Ende, setzt er in Corralejo und Morro Jable ein – Gnadenfrist für Vergnügungssüchtige.

Fiesta del Agua
In Agua de Bueyes wird das »Regenwunder« beschworen. Mit Kastagnetten wird mit hypnotisierender Monotonie auf Ziegenknochen geklopft – der archaische Rhythmus soll die Wolken zum Abregnen zwingen. An diesem Tag lässt sich selbst der kanarische Bischof nicht nehmen, dem winzigen Weiler einen Besuch abzustatten.
28. Februar

März/April

Semana Santa
Karwoche und Ostern: Festliche Veranstaltungen mit prachtvollen Prozessionen finden vor allem in Puerto del Rosario statt.

San Vincente Ferrer
Religiöses Fest in Villaverde.
1. Sonntag nach Ostern

Landwirtschaftsmesse
Ende April werden auf der staatlichen Granja Experimental in Pozo Negro die schönsten Ziegen und Schafe, Esel und Dromedare prämiert. Im Begleitprogramm gibt es Folklore, Inselkäse und Wein.

Mai

Feria Insular de Artesanía
Kunsthandwerker vom ganzen Archipel kommen zur großen Messe nach Antigua, es wird gestickt und gewebt, geflochten und getöpfert. Umrahmt wird das Programm von Folklorekonzerten, Stockfechten und Lucha Canaria.

Juni

Corpus Cristi
Die Fronleichnamsprozessionen zählen zum Höhepunkt des Festjahres. Aus gefärbtem Salz werden auf den Straßen Ornamente und Bilder geschaffen.

San Juan
Am Johannisfest werden Feuer entzündet, und »Hexen« tanzen um die Glut; anschließend läutet ein Feuerwerk den Sommer ein. Zugleich Patronatsfest in Morro Jable, Ajuy, Vallebrón und Tiscamanita.
24. Juni

Juli

Virgen de la Regla
Patronatsfest in Pájara.
2. Juli

San Buenaventura
An diesem Tag wird dem Inselheiligen ein großes Fest bereitet. Die Gläubigen pilgern nach Betancuria, um die Eingliederung der Insel ins spanische Königreich zu feiern.
14. Juli

Nuestra Señora del Carmen
Der Schutzpatronin der Seeleute wird in Corralejo gedacht. Die blumengeschmückte Heiligenstatue wird zur Mole getragen, dann mit Musik und Gesang auf ein Boot verladen. Wie eine Königin segelt sie die Küste ab,

vom Ufer winken Schaulustige oder schwenken Fahnen. Weitere Festlichkeiten finden in den Küstenorten Morro Jable, Caleta de Fustes und Puerto del Rosario statt.
16. Juli

August

Nuestra Señora de la Concepción
Patronatsfeste in Llanos de la Concepción und Tindaya.
15. August

September

Nuestra Señora de la Antigua
Patronatsfest in Antigua.
8. September

Fiesta de la Virgen de la Peña
Die größte Wallfahrt der Insel. Ganz Fuerteventura blickt auf den kleinen Ort Vega de Río Palmas (→ S. 82): Pilger von Antigua und vielen anderen Orten strömen zur Figur der Schutzheiligen und berauschen sich an dem mehrere Tage dauernden Fest.
3. Samstag im September

Oktober

Fiesta de la Virgen del Rosario
Größtes Patronatsfest der Insel in Puerto del Rosario und La Oliva. Gefeiert wird am Tag der Rosenkranz-Madonna.
7. Oktober

Fiesta Jurada de Tamasite
Man feiert in Tuineje den Sieg über die englischen Piraten in der »Schlacht von Tamasite« im Jahr 1740. Mit Pomp und Fantasie wird die Schlacht nachgespielt.
Um den 13. Oktober

November

Fiesta del Agua
Fest in Tetir zu Ehren des Regenheiligen San Andrés.
30. November

Dezember

Inmaculada Concepción
Prachtvolles Patronatsfest in Betancuria.
8. Dezember

Weihnachten
Vor der mitternächtlichen Messe wird auf den Kirchplätzen von Antigua, Pájara und Tiscamanita gesungen und getanzt, die Gäste kommen von der ganzen Insel und feiern gemeinsam Weihnachten auf kanarische Art.
25. Dezember

Auf der Landwirtschaftsmesse werden die schönsten Nutztiere der Insel prämiert.

Sport und Strände

Europäisches Hawaii: Viel Wind und hohe Wellen – Surfen ist hier die Sportart Nummer eins!

Fast rund um die gesamte Insel kommen Surfcracks auf ihre Kosten. Echte Könner wagen schon mal die Überquerung nach Lanzarote …

Goldene Sandstrände von 55 km Länge – keine andere Kanareninsel kann damit konkurrieren! Am ruhigsten ist das Meer an der Ostküste. Flach führen die Strände ins Meer, das ganze Jahr über kann gebadet werden. Zu den bekanntesten Küstenabschnitten zählen die kilometerlangen Dünen von Corralejo und die schier endlosen **Playas de Sotavento de Jandía** zwischen Costa Calma und Morro Jable. Zu weit sollten Sie sich freilich nie vom Ufer entfernen, schon gar nicht an der Steilküste im Westen und an der Meerenge El Río im Norden. Denn die Atlantikwellen sind stark und die Strömungen lebensgefährlich.

Golf

Ausgerechnet die Wüsteninsel Fuerteventura hat sich als Golf-Destination etabliert. In Costa Caleta wurde eine 18-Loch-Anlage errichtet, die auf 36-Loch verdoppelt werden soll. Landschaftlich reizvoller erscheint der Platz Golf Vinamar in Jandía, der 2006 eingeweiht wurde. Die 18-Loch-Anlage liegt in einem weiten, von Felszacken eingerahmten Tal – einer von ihnen ist Fuerteventuras höchster Berg. Die durch Palmenhaine, Teiche und Wasserläufe aufgelockerte Anlage fällt sanft zur Küste hin ab. Außerdem gibt es in La Pared an der Westküste einen 6-Loch-Golfplatz und eine 9-Loch-Zielgolfanlage sowie eine 230 m lange Driving Range für Anfänger (Tel. 928-549103). Üben kann man gleichfalls im Club Aldiana und im Feriendorf Stella Canaris in Jandía.

Hochseeangeln

Hochseeangeltouren starten in Corralejo und Morro Jable. Ausrüstung und Köder werden gestellt, mit etwas Glück kann man Hai und Schwertfisch fangen. Die Gewässer rings um die Insel sind fischreich, doch sind einige Küstenabschnitte als Schutzgebiet ausgewiesen, das heißt, hier darf nur mit Lizenz gefischt werden.

Rad fahren

Immer mehr Mountainbiker tummeln sich auf den Pisten von Fuerteventura. Wer kein eigenes Rad mitgebracht hat, kann vor Ort eines mieten, zum Beispiel in Corralejo, Caleta de Fustes, Costa Calma und Playa Barca. Die Mietkosten belaufen sich in der Regel auf über 10 € pro Tag. **Fuerte Bike Team** bietet geführte Touren für Pauschaltouristen ab Jandía. Für Einsteiger ist vor allem die Betancuria-Tour zu empfehlen: Mit dem Bus fährt man zu den höchsten Punkten der Insel, dann geht es bergab zur Westküste. Fortgeschrittene wählen den West-Coast-Trail oder die Vulcano-Tour nach Pozo Negro und Las Playitas. Zu buchen u. a. bei der Reiseleitung in Jandía.

Reiten

Die **Finca Puerto Nuevo** befindet sich im Barranco de los Caballos nördlich La Pared an der Straße nach Pájara. Der Reitstall wird von zwei Deutschen geleitet, eine gute Adresse für alle, die schon etwas Erfahrung haben und auf reinrassigen »Andalusiern« galoppieren wollen (Mobiltelefon 908-243648; Reservierung 8.30–10 und 19–20 Uhr).

Einen guten Reitstall gibt es auch in Tarajalejo, eine Ponyreitschule im Feriendorf Stella Canaris in Jandía. Bei **Fuerte Adventure** (nahe Parque Holandés) kann man gleichfalls Kurse belegen, doch sind die hygienischen Bedingungen, unter denen die Tiere gehalten werden, unter Freunden des Reitsports umstritten. Deshalb besser keine Buchung im Voraus, sondern Prüfung vor Ort!

Segeln

Es gibt Yachthäfen in Corralejo, Puerto del Rosario, Costa Caleta und Morro Jable. Segelkurse werden in Jandía (Club Aldiana) und Esquinzo (Robinson Club) angeboten. Auch wer keinen Cluburlaub gebucht hat, kann auf der Insel segeln lernen. In Morro

Wer die kleine Felsinsel Lobos (→ S. 92) vor Fuerteventuras Nordküste auf Schusters Rappen erkunden möchte, sollte mit festem Schuhwerk unterwegs sein.

Jable gibt es eine Schule, die außer Praxis auch Theorie vermittelt. So kann man hier den Segelgrundschein nach VDWS (Verein Deutscher Wassersport Schulen) ablegen. Weitere Infos unter: www.prosail-fuerte.de. Im Januar, wenn die Passatwinde kräftigen West wehen, starten Segler zur Fahrt über den großen Teich. Wer mitsegeln will, schaut auf das Schwarze Brett im Yachthafen.

Surfen

Fuerteventura ist ein Paradies für Surfer. In der Fachzeitschrift »Surf« heißt es: »Bergsteiger haben ihre Eigernordwand, Skirennfahrer ihre Streif, Surfer, denen vor nichts graust, fahren zur North Shore auf Fuerteventura.« An der Nordküste weht der vorherrschende Wind **onshore** (auf den Strand zu), weiter südlich, an den Playas de Sotavento de Jandía, eher **offshore**, das heißt vom Land aufs Meer hinaus. Für Anfänger ideal ist das dazwischenliegende Gebiet um Costa Caleta, wo der Passatwind **sideshore** an der Küste entlangweht. Nur Spitzensportler trauen sich die Westküste zu, wo die Brandungswellen bis zu 8 m hoch sind.

Optimale Zeit fürs **Surfen** sind die Monate Juni, Juli und August, wenn der Passat konstant mit 4–6 Beaufort bläst. Beste Surfschule ist die von René Egli an der Playa Barca südlich von Costa Calma. Ende Juli finden die Weltmeisterschaften im Slalom- und Geschwindigkeitswettbewerb statt. Weitere Surfschulen gibt es in Costa Caleta (nur Anfänger) und in Corralejo. Ein zehnstündiger Kurs kostet zwischen 150 und 175 €, ebenso viel zahlt man für die einwöchige Nutzung der Ausrüstung.

Längst haben auch **Kite-Surfer** die Insel entdeckt. Wo der Wind ganzjährig mit mindestens drei Stärken bläst, kann man fast immer zu Manövern auf dem Wasser starten. Flüge von 15 m Höhe und 75–100 m Länge sind an den Playas de Sotavento möglich. Ein weiterer Vorteil kommt hinzu: Da der Wind meist ablandig weht, werden Kiter selbst bei höchsten Flügen nicht landeinwärts geschleudert. Weil es bei diesem Sport nicht so sehr um Muskelkraft, sondern um kluge

Koordination geht, sind auch viele Frauen mit dabei. Die erste Kite-Schule hat René Egli, Vorreiter in Sachen Wind, eröffnet: Zunächst wird man an Land mit der Kraft des Lenkdrachens vertraut gemacht, dann lässt man sich im »Bodydrag« (ohne Board) vom Kite durchs Wasser ziehen, um schließlich den Wasserstart zu üben. Der sechsstündige Anfängerkurs in Mini-Gruppe (2 Schüler pro Lehrer) inkl. Material kostet ca. 250 €.

Doch auch **Wellenreiter** kommen auf ihre Kosten. Vor allem in Corralejo im Norden und bei La Pared im Westen finden sie gute Bedingungen. In beiden Orten haben sich deutschsprachige Surf-Schulen etabliert, die Kurse für Anfänger und Fortgeschrittene anbieten.

MERIAN-Tipp

4 World Cup der Surfer in Playa Barca

Im Juli und August bläst der Wind mit voller Kraft über die Insel und schafft die besten Voraussetzungen für den Super Grand Slam, ein Fest zu Wasser und zu Lande, das seit 1985 stattfindet. Keiner der großen Stars darf in Playa Barca bei Costa Calma fehlen – die weltbesten Windsurfer begeistern Zuschauer mit ihren akrobatischen Darbietungen. Seit 2001 wird – gleichfalls Ende Juli – der Kitesurf Grand Prix ausgetragen, bei dem man fantastischen Flugmanövern beiwohnen kann. Den aktuellen Termin erfährt man unter www.rene-egli.com.

→ S. 121, E 11

Tauchen

Die nur 15 m tiefe Meerenge **El Río** zwischen Corralejo und Lobos ist ein wahres **Taucherparadies**: Lavaströme, die im Meer erstarrt sind, unterseeische Labyrinthe und Grotten, dazwischen bunte Fischschwärme und bizarre Pflanzen. Aber auch an der Halbinsel **Jandía** gibt es fischreiche Unterwasserreviere. Wer das Tauchen lernen möchte, benötigt ein ärztliches Gesundheitszeugnis. Nach einigen Stunden am Pool und Schnupperausflügen in seichten Gewässern darf das große Abenteuer im Atlantik beginnen! Tauchschulen gibt es in allen Ferienorten; auch wenn sie an bestimmte Hotels angeschlossen sind, stehen sie allen offen.

Tennis

Jedes größere Hotel hat seinen eigenen Tennisplatz. Die Platzmiete beträgt je nach Anlage zwischen 5 und 8 € pro Stunde, etwas mehr bei Flutlicht.

Wandern

Allmählich wird die herbe Schönheit der Insel auch von Wanderern entdeckt. Auf Fuerteventura benötigt man keine alpine Erfahrung, wohl aber gute Kondition und – aufgrund der scharfkantigen Lavasteine – festes Schuhwerk mit dicken Profilsohlen.

Beste Wanderzeit sind die Monate Januar bis April, wenn nach den winterlichen Regenfällen in der kargen Erde die Blumen erblühen. Die Temperaturen sind günstig, eine frische Atlantikbrise sorgt für angenehme Kühlung.

»Leicht« sind der Weg von der Costa Calma zum Strand von La Pared sowie die Dünenwanderung durch den Naturpark von Corralejo. Als »mittelschwer« sind der Pilgerpfad von Antigua nach Betancuria und die Vulkanwanderung ab Lajares einzustufen; »schwierig« ist der Aufstieg von Jandía zum höchsten Berg der Insel, dem 807 m hohen Pico de la Zarza. Am besten startet man am Hotel Barceló Jandía Playa und folgt der Straße aufwärts. Kurz bevor sie an einem betonierten Wasserspeicher endet, hält man sich rechts und folgt dem Weg hinauf in die Berge ... Wer sich geführten Touren anschließen möchte, wendet sich an:

Hannelore van der Twer S. 117, E 2

Villa Volcana, Monte Arena/Villaverde; Tel. 9 28-53 50 10 (18–19 Uhr)

Strände

FKK ist auf Fuerteventura offiziell nicht erlaubt, wird jedoch vielerorts geduldet, vor allem an den Playas de Sotavento de Jandía und an der Playa de Corralejo.

Playa Barca S. 121, E 11
Heller und recht breiter, über 2 km langer Sandstrand südlich von Costa Calma. Sehr gut zum Baden und Surfen. Liegen werden vermietet.

Playa de Barlovento S. 120, C 11
Einsamer, 11 km langer Sandstrand im äußersten Südwesten, nur erreichbar mit Jeep via Cofete. Das Baden ist extrem gefährlich, auch vor Wassersport wird gewarnt (→ MERIAN-Spezial, S. 90).

Playa Blanca S. 119, F 5
Heller und feinsandiger, etwa 700 m langer Strand zwischen Puerto del Rosario und Flughafen. Nicht immer sauber, keine Möglichkeit für Wassersport.

Playa del Castillo S. 119, F 6
Goldsandiger, 800 m langer Strand in Caleta de Fustes, auf halber Strecke zwischen Flughafen und Pozo Negro. Wind- und wellengeschützt, deshalb auch für Kinder geeignet. Beliebt bei Surfanfängern und Seglern.

Playa de Corralejo S. 117, E 1
Ein 8 km breiter Dünengürtel säumt die Nordküste südlich von Corralejo: sonnenüberflutet und vom Wind zu sichelförmigen Hügeln geformt. Liegestuhl- und Sonnenschirmverleih.

Playa Costa Calma S. 121, E 11
Heller, knapp 3 km langer Sandstrand, für alle Altersgruppen zum Baden geeignet. Angeboten werden Wasser- und Jetski, Surfen und Tauchen. Liegen und Sonnenschirme stehen bereit, Strandbuden versorgen Gäste mit Drinks und Snacks.

Playa Esquinzo S. 121, D 12
Heller, knapp 3 km langer Sandstrand nordöstlich Jandía, ideal für alle Al-

Playas de Sotavento de Jandía: Strand, Sonne und Meer – Urlauberherz, was willst Du mehr? Jetzt gilt es nur noch, sich für einen Strandabschnitt zu entscheiden.

Vor allem die brandungsreiche Westküste eignet sich hervorragend zum Wellenreiten.

tersgruppen. Man kann segeln, surfen und tauchen. Liegen- und Sonnenschirmeverleih. Mit drei Strandbars.

Playa de Gran Tarajal ···> S. 119, D 8
Dunkler, über 1 km langer Stadtstrand, aufgrund verschmutzten Wassers ungeeignet zum Baden. Mehrere Bars an der Promenade.

Playa del Matorral ···> S. 120, C 12
Heller, über 3 km langer Sandstrand bei Jandía. Damit er nicht mit dem Strand gleichen Namens am Flughafen verwechselt wird, trägt er auf einigen Karten den Namen **Playa de Jandía** (→ S. 54).

Playa de las Playitas ···> S. 119, D 8
Grausandiger kleiner Kiesstrand, erreichbar über eine 2 km vor Gran Tarajal abzweigende Asphaltpiste.

Playa de Pozo Negro ···> S. 119, F 7
Touristisch noch nicht erschlossene Bucht südlich von Costa Caleta mit einem 1 km langen Kiesstrand. Zwei Restaurants konkurrieren um die Gunst der Gäste.

Playa de Tarajalejo ···> S. 118, B 8
Über 1 km langer Strand, teils dunkle Lava, teils hell und künstlich aufgeschüttet. Auch für Kinder geeignet, Liegestühle und Sonnenschirme ausleihbar.

Playa del Viejo Rey ···> S. 118, A 8
Grausandiger, 800 m langer Strand im Westen der Insel. Aufgrund gefährlicher Strömungen wird empfohlen, nur in Ufernähe zu baden. FKK wird geduldet.

Playas del Cotillo ···> S. 116, C 2
Nördlich des Ortes El Cotillo gibt es kleine, weißsandige Badebuchten, südlich einen breiten, kilometerlangen Sandstrand am Fuße der Klippen. Wegen der hohen Wellen gefährlich zum Baden, nur geübte Surffreaks steigen aufs Brett.

Playas de Sotavento de Jandía ···> S. 121, D 11
25 km langer Goldstrand auf der Halbinsel Jandía. Er wird unterteilt in → Costa Calma, → Playa Barca, → Playa Esquinzo, Playa de Butihondo und → Playa del Matorral.

Familientipps – Hits für Kids

Für Strandmüde empfiehlt sich eine Bootstour oder der Ritt auf dem Dromedar.

Lust auf ein bisschen Abenteuer? Ein Kamelritt gehört – nicht nur für Kinder! – zu den unvergesslichen Urlaubserlebnissen.

Urlaub auf Fuerteventura ist zuallererst Strandurlaub. An den Stränden der Ostküste können Kinder Burgen bauen und dann den Sand im lauen Meer abspülen. Besonders ideal für Kleinkinder sind die fast geschlossene Bucht von Costa Caleta und die flache Plantsch-Lagune an der Playa Barca. Kleinere Lagunen und geschützte Strände bietet auch El Cotillo im Nordwesten der Insel. In den Ferienclubs wird Kinderfreundlichkeit groß geschrieben. In Mini-, Kid- oder Flipper-Clubs werden die Sprösslinge bei Laune gehalten, in größeren Clubanlagen wie Aldiana und Robinson werden Kinder den ganzen Tag über betreut.

Fast berghoch türmen sich die beiden Riesendünen von Risco del Paso auf halber Strecke zwischen Costa Calma und Jandía. Für Kinder gibt es kaum ein größeres Vergnügen, als sich hier hinabtreiben zu lassen – laufend oder liegend, allein oder zu zweit.

Glasbodenboot »Celia Cruz«

⟶ Umschlagkarte hinten, e 2

Seegraswiesen, die sich in der Strömung wiegen, und Schwärme vorbeiflitzender Fische: Welches Kind möchte nicht einmal auf den Boden des Meeres »abtauchen«? Die größten Bodenfenster hat die in Corralejo startende »Celia Cruz«. Ein Glasbodenboot schippert auch zur »Insel der Wölfe« (Isla de Lobos) hinüber, wo man sich fast wie Robinson fühlt: Man kann in Lagunen plantschen und Jagd auf kleine Fische machen, an der sandverwehten Küste kiloweise Muscheln ernten und zum Abschluss an der weißsandigen Playa de las Conchas baden und schnorcheln.

Muelle de Corralejo; Mobiltel. 6 29-50 98 20

Kamelritt in La Lajita ⟶ S. 120, B 8

In einer großen Palmenoase mit Kaktusgarten werden im Rahmen organisierter Touren Kamelritte zum nahe gelegenen Strand angeboten. Spaß bereitet Kindern auch der Ponyreitstall am zugehörigen Mini-Zoo, wo man Schwäne und Krokodile, Affen, Pelikane, Kraniche und Flamingos bestaunen kann. Mehrmals wöchentlich wird eine Papageienshow gezeigt.

La Lajita; 8 km östlich von Costa Calma

Kinderparadies Stella Canaris

⟶ S. 120, C 12

Inmitten eines riesigen Gartens leben Kinder in einer Welt für sich, haben nicht nur einen eigenen Pool und Spielplatz, sondern auch ein Kreativ-Zentrum mit Shows und Minitheater sowie einen Ponyreitstall. Sie speisen am eigenen Buffet, die Kleinsten können in einem separaten Schlafbereich übernachten. Die größte Hotel-, Apartment- und Bungalowanlage der Insel bietet Spiel, Sport und Unterhaltung fast rund um die Uhr! Der angeschlossene Vogelpark, in dem von stolzen Flamingos bis zu greisenhaften Marabus hunderte gefiederter Exoten vereint sind, kann auch von Nicht-Hotelgästen besucht werden.

Feriendorf Stella Canaris, Jandía;
Tel. 9 28 87 33 99, Fax 9 28 87 34 95 ●●

Minitren

⟶ S. 119, F 6 und S. 117, E 1

Der dieselbetriebene Minitren ist ein ungewohntes Verkehrsmittel, leider nur in Costa Caleta im Einsatz. Er pendelt zwischen Apartmentanlagen, Einkaufszentren und Strand.

Wasserpark Baku

⟶ S. 117, E 1/Umschlagkarte hinten, südl. a 6

Falls die Kids mehr wollen als Strand und Meer, besuchen sie den Wasserpark Baku in Corralejo. Hier dürfen sie auf Riesenrutschen im Slalom ins Wellenbad sausen und unter künstlichen Wasserfällen herumturnen.

Parque Aquatico Baku; Av. Nuestra Señora del Carmen/Av. Fuerteventura; Corralejo

Unterwegs auf Furteventura

Die langen weißen Sandstrände bei Corralejo (→ S. 37) verkörpern für viele Fuerteventuraurlauber das Paradies im Atlantik. Sonnenanbeter wie Wassersportler sind hier in ihrem Element.

Koffer packen, hinfliegen und relaxen: Nach nur vier bis fünf Flugstunden atmet man milde atlantische Luft und wärmt sich an der südlichen Sonne der Kanaren.

Ferienzentren

Wo die Strände am schönsten sind und das Meer brandungsarm, entstanden die Urlaubsorte.

Besonders schön sitzt man in einem der Cafés an der Strandpromenade von Corralejo: mit Blick auf das Meer und die Felsinsel Lobos (→ S. 92).

Corralejo

→ E 1, S. 117

8000 Einwohner
Ortsplan → Umschlagkarte hinten

Als quirliger Ferienort mit internationalem Publikum, vielen Surfschulen und Lokalen für jeden Geschmack präsentiert sich Corralejo. Nach Osten breitet sich eine grandiose, kilometerlange Dünenlandschaft aus. Das einstige Fischerdorf an der Nordküste, noch vor kurzem beliebter Anlaufpunkt für Hehler und Schmuggler, hat sich binnen weniger Jahrzehnte dank seiner großartigen Strände in eine lebhafte Urlaubsstadt verwandelt, in der sich vor allem Familien und junge Aktivurlauber wohl fühlen. Bis in die Fünfzigerjahre gab es hier nur eine Hand voll Hütten und Häuser, der touristische Bauboom setzte Mitte der 1970er-Jahre ein. Heute stehen für Urlauber mehr als 20 000 Betten bereit, und diese Zahl wird auch in den kommenden Jahren noch weiter steigen.

Wer in dem Ort ankommt, staunt nicht schlecht über den brodelnden Verkehr entlang der Hauptdurchgangsstraße, die grelle Lichtreklame und den endlosen Strom zumeist jugendlicher Besucher. Und er wundert sich darüber, welch buntes Völkchen sich hier angesiedelt hat: ein interessantes Gemisch von Deutschen, Briten und Italienern, dazu Einwanderer aus Galicien, Asturien und Andalusien, den strukturschwachen Gebieten Spaniens, sowie Südamerikaner, Chinesen und Marokkaner. Sie suchen als Lokal- und Geschäftsinhaber, oft auch als Kellner und Angestellter einen Neuanfang, sind in Aufbruchs- und Goldgräberstimmung.

Die Stadtregierung hat gut am aufkommenden Tourismus verdient, aber nur wenig getan, um den Urlaubern das Leben im Ort angenehm zu machen. Bis vor kurzem stolperten Besucher über staubige, uneben gepflasterte Bürgersteige; das Tragen hochhackiger Absätze war ein riskantes Unterfangen. Erst als die Zahl der zahlungskräftigen deutschen Touristen zurückging, wurde man nervös. Nun soll nach dem Willen des Bürgermeisters Ordnung in der Stadt einkehren und so die Voraussetzungen für den Zustrom von »Qualitätstouristen« geschaffen werden. Mit dem innerstädtischen Wildwuchs soll Schluss sein, das Zentrum Corralejos soll in eine Flanierzone umgewandelt werden.

Hauptgeschäftsstraße ist die **Avenida Generalísimo Franco** (teilweise umbenannt in »Avenida Galicia«) mit einem großen Angebot an Boutiquen und Souvenirläden. Auf ihr kommt man geradewegs ins alte Zentrum des Fischerorts, das heute Fußgängern vorbehalten bleibt. Bei Spaniern und Ausländern gleichermaßen beliebt ist die **Plaza Felix Estévez**, der von Lorbeerbäumen eingerahmte Platz in der neuen Ortsmitte. Fast jeden Abend wird hier für Stimmung gesorgt, es treten Pop- und Folkloregruppen auf. Vom Platz führen Gassen zur malerischen Promenade, die an mehreren kleinen Buchten vorbeiführt. In Terrassencafés schlürfen Urlauber bunte Cocktails mit südländischer Gelassenheit. Man schaut hinüber zur Mole, wo Ausflugsboote zur 1 km entfernten Felsinsel **Lobos** starten – mit den größeren Fähren geht es nach Lanzarote.

Die meisten Touristen wohnen in den mehr oder weniger weitläufigen neuen Apartmentanlagen, die sich südostwärts ans Ortszentrum anschließen. Die schönstgelegenen Hotels dürfte es, wenn es nach dem Willen der Ökologen ginge, gar nicht geben. Es handelt sich dabei um die Riu-Anlagen **Tres Islas** und **Oliva Beach**, Fremdkörper in den kilometerweit sich ausdehnenden Dünen von **El Jable**. Sie wurden bereits in den 1970er-Jahren gebaut, also zu einem Zeitpunkt, als die Dünen noch nicht unter Naturschutz standen. Wenn die Entschädigungsfrage geklärt ist, sollen sie abgerissen werden.

Dem Schutz der **Dünen** (→ S. 117, E 1) verschwor man sich erst 1982. Zu Recht gelten sie als Hauptattraktion des Nordens. Vom türkisfarbenen Meer wandern sie – vom Wind angetrieben – landeinwärts und begraben alles, was sich ihnen in den Weg stellt, unter sich: Sträucher, abgestorbene Baumstämme und sogar die nach Puerto del Rosario führende Straße, die alle paar Wochen von Reinigungstrupps freigepflügt werden muss. Der Dünensand stammt nicht, wie gern behauptet wird, von der Sahara, sondern ist maritimen Ursprungs: In vielen Millionen Jahren hat das Meer die Korallenbänke zerrieben, Muscheln und andere Schalentiere zu feinem Pulver zerstäubt. Mittlerweile dehnt sich das Wanderdünengebiet über eine Fläche von 24 qkm aus. Der Sand ist in ständiger Bewegung, wird aufgewirbelt, wellt und faltet sich.

Für Strandläufer sind die **Playas de Corralejo** ein Traumrevier: Die weißen Sandstrände reichen bis zur Montaña Roja, einem 312 m hohen Berg 8 km südlich. Und natürlich kommen auch Wassersportler auf ihre Kosten. Bei geeignetem Wind lassen sich Surfer bis nach Lobos hinübertragen, Taucher entdecken in der seichten Meerenge von **El Río** die bunte Welt unterseeischer Grotten.

HOTELS/ANDERE UNTERKÜNFTE

Atlantis Palace

→ Umschlagkarte hinten, b 6

Eine gute Wahl für alle, die gern mitten in der quirligen Stadt leben und gleichzeitig die Ruhe und den Komfort eines Vier-Sterne-Hauses genießen. Das traditionsreiche Haus liegt zwischen Corralejos Hauptstraße und dem kleinen Ortsstrand La Ga-

Im alten Hafen von Corralejo gehen auch heute noch Fischer ihrem archaischen Handwerk nach – Romantik ist hier fehl am Platz.

lera, einmal täglich bringt ein Gratis-Shuttle-Bus die Gäste zu den Dünenstränden. Wer es vorzieht, sich im Haus zu entspannen, findet zwei Outdoor-Pools sowie ein Wellness-Center mit türkischer und finnischer Sauna und Jacuzzi. Auf den beiden Tennisquarzsandplätzen werden Kurse angeboten, auch Mountainbikes werden verliehen.

Av. de las Grandes Playas 12;
Tel. 9 28-53 60 50, Fax 9 28-53 53 67;
www.atlantishotels.com; 228 Zimmer
●●●● CREDIT ♿ 🐕

Kempinski Atlantis Bahía Real

⇢ Umschlagkarte hinten, südöstl. d 6

Das zur Kempinski-Kette gehörende Fünf-Sterne-Hotel liegt am Meer in unmittelbarer Nähe zum Dünen-Naturschutzgebiet. In seinem schlossartigen Innern bietet es suiteartige, komfortabel ausgestattete Zimmer mit Balkon – teilweise mit Blick aufs Meer und die Insel Lobos –, alle ausgestattet mit Bademantel, Slippern und weiteren Extras. Das kostenpflichtige Spa Center besteht aus einem großen Thermal- und Rasulbad, einem Saunarium sowie Jet- und Vichy-Duschen.

Av. de las Grandes Playas s/n;
Tel. 9 28-53 64 44, Fax 9 28-53 75 75;
www.atlantisbahiareal.com ●●●●
CREDIT ♿ 🐕

Atlantis Dunapark

⇢ Umschlagkarte hinten, bc 5

Zentral gelegenes Vier-Sterne-Hotel mit schönem Garten und mehreren beheizten Pools, Fitness-Studio, Sauna und Jacuzzi sowie zwei Tennisplätzen mit Quarzsandbelag. Den Ortsstrand erreicht man zu Fuß in weniger als fünf Minuten, mit dem Hotelbus fährt man zum etwa 5 km entfernten Dünenstrand.

Av. Generalísimo Franco 13;
Tel. 9 28-53 52 51, Fax 9 28-53 54 91;
www.atlantishotels.com; 79 Zimmer
●●● AmEx MASTER VISA

MERIAN-Tipp

5 Minikreuzfahrt

Zweimal wöchentlich startet das Glasbodenboot »El Majorero« zu einer sechsstündigen Ausflugsfahrt zu den Nachbarinseln. Nach 35 Minuten ist Playa Blanca erreicht, ein aufstrebender Ferienort an der Südspitze Lanzarotes. Hier hat man Zeit zu einem Bummel entlang der Meerespromenade, anschließend trifft man sich an Bord zu einem deftigen Mittagsmahl mit frischem Fisch, Salaten und Wein. Vorbei an den »Papageienstränden« nimmt man Kurs auf die Insel Lobos, ein naturgeschütztes Vulkaneiland (→ S. 92).

Tickets im Kiosk an der Mole

⇢ Umschlagkarte hinten, e 2

Atlantis Los Barqueros

⇢ Umschlagkarte hinten, bc 6

Schöne Bungalowsiedlung mit 80 Wohneinheiten, nur wenige Gehminuten vom Ortsstrand und vom Geschäftszentrum entfernt. Die Anlage liegt rund um einen schattigen Garten mit zwei Süßwasserpools. Wer nicht selber kochen will, bucht Halbpension und speist im benachbarten Hotel Duna Park. Es hat den gleichen Besitzer, darum können Sauna und Fitnessraum mitbenutzt werden.

Av. Grandes Playas s/n;
Tel. 9 28-53 52 51, Fax 9 28-53 54 91;
www.atlantishotels.com; 80 Bungalows
●● AmEx MASTER VISA

Magic Life Trendorado Classic

⇢ Umschlagkarte hinten, südöstl. d 6

Große Anlage mit doppelstöckigen Bungalows am östlichen Ortsrand, knapp 2 km vom großen Dünenstrand entfernt. Der Name ist Programm: ein Eldorado für junge Leute, preiswerter als andere vergleichbare Clubs. Rund um die Uhr ist Action angesagt: von Fußball- und Volleyballturnieren über

Pool-Wasserspiele und Tennis bis zu abendlichen Discos, Musical- und Theatershows.

Calle Las Dunas s/n; Tel. 9 28-53 52 58, Fax 9 28-53 54 74; www.trendorado.com; 370 Apartments ●● MASTER VISA

Oasis Duna ⇢ Umschlagkarte hinten, südl. a 6

Mit arabisch angehauchter, lehmfarbener Architektur wirkt die Anlage wie eine Karawanserei in der Wüste. Mit zwei Pools, einem Tennisplatz, Sauna und großem Garten.

Calle Gran Canaria 3; Tel. 9 28-86 70 11, Fax 9 28-53 57 72; 340 Apartments ●● MASTER VISA

La Posada

⇢ Umschlagkarte hinten, c 2

Kleines, aber feines Hotel nahe dem Hafen. Graue Schieferböden, dunkle Holzmöbel und helle Stoffe strahlen Behaglichkeit aus, da braucht man nicht den Ausblick aufs Meer. Mit Sonnenterrasse und Pool auf dem Dach. Im Preis ist ein reichhaltiges Frühstück eingeschlossen.

Calle María Santana Figueroa 10; Tel. 9 28-86 73 44, Fax 9 28-53 63 52; 34 Zimmer ●● MASTER VISA

Corralejo

⇢ Umschlagkarte hinten, c 3

Einfach eingerichtetes Stadthotel mit 20 Zimmern, alle mit eigenem Bad, acht mit schönem Blick auf den Hafen und die Insel Lobos.

Calle Colón 12; Tel. 9 28-53 56 26, Fax 9 28-53 52 46; 20 Zimmer ●

Sehenswertes

Las Chimeneas ⇢ Umschlagkarte hinten, südöstl. d 6

Private Kunstgalerie an der zu den Dünen führenden Straße, erkennbar an den skurrilen Skulpturen im Garten. Im Inneren setzt sich das Kuriositätenkabinett mit Figuren aus der Welt des Meeres und der Märchen fort.

Av. Grandes Playas 139; unregelmäßig geöffnet, meist Mo–Fr 10–13 Uhr

Essen und Trinken

La Cabaña

⇢ Umschlagkarte hinten, c 3

An der Uferpromenade mit Blick auf ein- und auslaufende Schiffe: deftige Küche aus Nordspanien in aufgefrischtem, rustikalem Rahmen. Köstlich schmecken hausgemachtes »pastel cabracho« (Fischpastete),

Ob Burgen oder Buddhas – bei Strandspaziergängen stößt man immer wieder auf vergängliche Kunstwerke aus Sand und Wasser.

wozu Cidre getrunken wird, dann eine »fabada« (Bohneneintopf) und als Dessert »tarta de queso« (lockerleichte Käsetorte).
Av. Marítima 15; tgl. ab 12 Uhr ●●

Marquesina

⇢ Umschlagkarte hinten, d 3
Traditionsreiches Lokal am alten Hafen, jeden Abend gut besucht. Es gibt Fischportionen zum Sattwerden und den Blick aufs Meer gratis dazu.
Calle El Muelle; Tel. 9 28-53 00 30 ●●
MASTER VISA

El Patio

⇢ Umschlagkarte hinten, c 3
Beste Adresse, wenn es einmal kühl oder regnerisch ist: rustikales Ambiente mit Kerzenlicht und dunklem Holz, dazu passend deftige kanarische Kost. Spezialität des Hauses ist »cabrito al horno« (gebackenes Zicklein).
Calle Lepanto 16; Tel. 9 28-86 66 68; tgl. außer So ab 18 Uhr ●● MASTER VISA

El Sombrero

⇢ Umschlagkarte hinten, d 2
Das Ambiente ist gepflegt, das Fleisch frisch und der Service herzlich: Fast jeden Abend füllt sich das Restaurant an der Promenade bis auf den letzten Platz. Wem das klassische oder das Käse-Fondue zu kalorienreich ist, der bestellt die Variante »à la chinoise«: Zarte, sorgfältig eingerollte Filetstücke werden in leichter Gemüsebrühe gegart, anschließend wird diese mit Sherry abgeschmeckt und als Suppe verzehrt. Gleichfalls begehrt ist der »Sombrero de la Gitana«, der dem Restaurant seinen Namen verlieh: Hier erhält der Gast ein zuckerhutförmiges Gestell, dazu rohes Fleisch, das am Widerhaken befestigt und auf der heißen Platte gebraten wird. Als Nachtisch offerieren die Schweizer Besitzer »Gletscher-Kaffee«.
Av. Marítima 25; Tel. 9 28-86 75 31; tgl. außer Mi ab 18 Uhr ●● MASTER VISA

La Factoría

⇢ Umschlagkarte hinten, d 4
Gemütliches italienisches Lokal mit hausgemachter Pizza und Pasta, beliebt bei Surfern und jüngeren Leuten. Mit Tischen an der Uferpromenade.
Av. Marítima 12; Tel. 9 28-53 57 26; Mi geschl. ● MASTER VISA

El Rincón del Périco

⇢ Umschlagkarte hinten, c 3
Einzige wahre Tapas-Bar der Stadt, wo man schon für 3 € wahlweise Zicklein, Kaninchen oder »ropa vieja« erhält. Auch zum Frühstücken eine gute Adresse. Man sitzt auf Holzbänken hinter der Bar oder auf der Terrasse.
Calle La Iglesia s/n; Tel. 9 28-86 61 79 ●
MASTER VISA

Strandlokale

→ MERIAN-Tipp, S. 19

Café de Viena

⇢ Umschlagkarte hinten, c 4
Beste Konditorei vor Ort mit kleinem Café im Bistrostil mit Marmortischen und Spitzengardinen. Es gibt Apfelstrudel und leckere Torten, Baguettes und hausgemachtes Eis.
Av. Generalísimo Franco 48 (Pasaje); ab 8 Uhr geöffnet

Café Lounge

⇢ Umschlagkarte hinten, e 1
Abseits des Touristenrummels und nahe der Nordpromenade: tagsüber ein Café mit Kaffee und Kuchen, abends eine Bar mit Tapas und Cocktails aus frisch gepresstem Saft. Einmal in der Woche gibt es Livemusik, Wirt Stefan sorgt für kultiviert-lockeres Ambiente.
El Pulpo 6; www.cafe-lounge.com; tgl. außer Do ab 13 Uhr

Einkaufen

Entlang der Hauptstraße reihen sich Einkaufszentren, Läden und Boutiquen. Der große Wochenmarkt (Geschenkartikel, Kleider und Keramik)

Corralejo ist ein »junger« Urlaubsort – Fun-Sportarten stehen hoch im Kurs.

findet jeden Montag- und Freitagvormittag am südlichen Ausgang der Stadt, gegenüber der Cepsa-Tankstelle, statt. Beste Adresse für Selbstversorger ist der Supermarkt Hiperdino in der Calle García Escámez Pizarro s/n.

Am Abend

Auch abends trifft man sich am liebsten open air: Wer's ruhig mag, lässt den Tag bei einem Gläschen Wein an der Promenade oder in der Fußgängergasse La Iglesia ausklingen. Laut und meist brechend voll ist die benachbarte Plaza Félix Estévez – Livemusik sorgt stets für gute Stimmung. Die Surfer-Szene trifft sich im Rock-Café im Centro Comercial Zocos an der Av. Franco sowie in den Bars des Centro Comercial Atlántico.

Kiwi ---> Umschlagkarte hinten, c 3–4
Treffpunkt vorwiegend jüngerer Gäste mit rustikalem Touch und Videoclips. Große Auswahl an Cocktails. Sehr gutes hausgemachtes Eis.
C.C. Atlántico, Local 18; tgl. ab 17 Uhr

Schaukel
---> Umschlagkarte hinten, c 3
Treffpunkt deutscher Residenten neben der Touristeninformation mit Fernsehübertragungen der Bundesliga. Originelle Einrichtung mit Schaukeln als Barhockern, reiche Auswahl an Getränken.
Plaza Pública; tgl. ab 18 Uhr

Waikiki Disco
---> Umschlagkarte hinten, c 5
Viel los ist in dieser Stranddisco nur am Wochenende, vor allem zu spanischen Ferienzeiten und am Samstag, wenn Jugendliche von der ganzen Insel zusammenströmen, um hier die ganze Nacht lang abzutanzen.
Calle de la Fragata s/n; tgl. ab 22 Uhr

Service

Auskunft
Oficina de Turismo
---> Umschlagkarte hinten, c 3
Die Zentrale am ehemaligen Dorfplatz soll an die Uferpromenade verlegt werden; eine Filiale befindet sich schon jetzt am Hafen.
Plaza Pública; Tel. 9 28-86 62 35, Fax 9 28-86 61 86; E-Mail: info@corralejograndesplayas.com, www.corralejograndesplayas.com; Mo–Fr 9–15 Uhr

Autovermietung
Cicar ---> Umschlagkarte hinten, c 3
Groß ist die Konkurrenz der Anbieter in der Haupteinkaufsstraße. Zuletzt war es die Firma Cicar, die die günstigsten Tarife anbot.
C.C. Atlántico, Local 35, Calle General Franco s/n; Tel. 9 28-86 64 13

Busse ---> Umschlagkarte hinten, b 2
Werktags alle 30 Minuten, sonntags stündlich fahren Busse der Linie 06 nach Puerto del Rosario via Parque Holandés. Etwa alle zwei Stunden kommt man mit Bus 08 nach El Cotillo. Der Busbahnhof befindet sich am

Westrand der Stadt in der Avenida Juan Carlos I.

Medizinische Hilfe
Apotheke

⇢ Umschlagkarte hinten, c 4

Av. Generalísimo Franco 44; Tel. 9 28-53 53 65

Centro de Salud

⇢ Umschlagkarte hinten, b 4

Av. Juan Carlos I 28; Tel. 9 28-86 61 43

Polizei
Policía Municipal

⇢ Umschlagkarte hinten, d 3

Paseo Atlántico 1; Tel. 9 28-86 61 07

Post ⇢ Umschlagkarte hinten, b 3

Calle Isaac Peral 55; Mo–Fr 8.30–14, Sa 9.30–13 Uhr

Radfahren
Volcano Biking

⇢ Umschlagkarte hinten, bc 4

In einer Seitenstraße der Av. Generalísimo Franco kann man ab 6 € pro Tag Mountainbikes mieten.

Calle Acorazado España 10; Tel. 9 28-53 57 06

Schiffsverbindungen

⇢ Umschlagkarte hinten, e 2

Mehrmals täglich starten Fährschiffe der Linien **Olsen** und **Armas** von Corralejo nach Playa Blanca (Lanzarote). Die Fahrtdauer beträgt 20–35 Minuten. Für Olsen-Reisende kommt noch ein besonderer Service hinzu: Bei Benutzung der Fähre gibt es kostenlosen Bustransfer nach Puerto del Carmen. Buchung im Hafen.

Surfen & Wellenreiten
Flag Beach Windsurf Centre

⇢ Umschlagkarte hinten, südöstl. d 6

Die Surfschule nördlich vom Hotel Tres Islas bietet Kurse für Anfänger und Fortgeschrittene an.

Av. Grandes Playas s/n; Tel. und Fax 9 28-53 55 39

Ineika Funcenter

⇢ Umschlagkarte hinten, d 1

Zur Wahl stehen sechstägige Wellenreitkurse à 5 Std. für Anfänger und Fortgeschrittene. Beim Basis-Kurs 1 lernt man, sich aufs Brett zu stellen und durch das Weißwasser einer Welle zu gleiten, beim Basiskurs 2 reitet man bereits den grünen, d. h. ungebrochenen Teil der Welle ab. Für Anfänger eignen sich die Monate März bis November, für Fortgeschrittene Oktober bis Juni. Für erfahrene, seetaugliche Surfer gibt es ein Spezialangebot: Vier Gäste und der Skipper segeln auf einem leichten Katamaran von Fuerte über Lobos und Lanzarote nach La Graciosa, unterwegs können sie wellenreiten, wind- und kitesurfen (kein Segelschein erforderlich!). Im Ineika Funcenter findet das Video-Training statt, Boards kann man kaufen und leihen.

Calle Nuestra Señora del Pilar s/n; Tel. 9 28 53 57 44; www.ineika.de

Tauchen
Dive Center Corralejo

⇢ Umschlagkarte hinten, d 1

Das Tauchzentrum von Miguel Abella gibt es schon seit 1978. Angeboten werden Kurse für Anfänger und Fortgeschrittene sowie Tauchgänge vor den Dünen von Corralejo und an der Küste von Lobos.

Calle Nuestra Señora del Pino 22; Tel. 9 28-53 59 06, Fax 9 28-86 62 43; www.divecentercorralejo.com

Taxi
Centro Comercial Atlántico

⇢ Umschlagkarte hinten, c 3–4

Tel. 9 28-86 61 08

Wasserpark
Parque Aquatico Baku

⇢ Umschlagkarte hinten, südl. a 6

Großer Wasserpark am Ortseingang mit Wellenbad, Riesenrutschen und Wasserfällen.

Av. Nuestra Señora del Carmen/ Av. Fuerteventura; Eintritt 18 €/12 €

Costa Caleta

→ S. 119, F 6

Ortsplan → S. 45

Jahrelang stand der Ort an der Ostküste im Schatten der Ferienzentren im Inselnorden und -süden. Doch mit der Einweihung eines 18-Loch-Golfplatzes hat er sein Aschenputtel-Image abgestreift. Innerhalb kurzer Zeit entstanden zahlreiche Vier- und Fünf-Sterne-Hotels, die dem Ort einen exklusiven Charakter verleihen. Mit dem Facelifting kam auch ein neuer Name: Statt Caleta de Fustes heißt er nun schlicht »Costa Caleta«.

Mittelpunkt des Orts ist eine windgeschützte, 800 m lange, sichelförmige Bucht. Sanft fällt der helle Strand zum Meer hin ab, im seichten Wasser können selbst Kleinkinder gefahrlos plantschen. An ihrer Nordostseite wird die Bucht durch eine Mole vor der Brandung geschützt. In ihrem Schatten liegt der schmucke Yachthafen, in dem Segelschiffe aus aller Welt vor Anker liegen. Hier steht auch die einzige historische Sehenswürdigkeit des Orts: Der wuchtige Festungsturm El Castillo wurde 1743 nach einem Angriff englischer Korsaren errichtet und diente in den Folgejahren als Bollwerk gegen Piraten. Vor einigen Jahren hat man dem Castillo ein Pendant zur Seite gestellt: einen Rundturm aus dunklem Lavagestein. Vom Yachthafen starten Ausflugsschiffe nach Corralejo und Morro Jable, eine Surf- und Tauchschule bietet ihre Dienste an. In Aquarien, die etwas hochtrabend »Oceanarium« heißen, kann man Engelshaie, Adler- und Tintenfische sehen.

Hinter der alten Festung erstreckt sich die Pool-Landschaft des Barceló Club Castillo, der wie ein kanarisches Dorf konzipiert ist. Um einen schattigen Platz sind Cafés, Restaurants und Souvenirshops gruppiert, selbst ein Brunnen fehlt nicht. Dennoch gibt es kritische Stimmen, denen all dies etwas steril erscheint – man spürt eben doch, dass es sich um ein künstliches, kein historisch gewachsenes Dorf handelt. Gleich daneben, direkt am Strand, beginnt die Kette der »Golf, Spa & Beach Resorts«, die sich längs der Bucht bis weit in den Süden erstrecken: Statt aufgelockerter Bauweise herrscht Monumentalität, trotz nobler Materialien erinnern die Hotels an Bettenburgen.

Während im Strandbereich die Deutschen dominieren, geben Skandinavier und Briten den Ton in den »Vororten« an. Apartmentanlagen greifen weit ins steppenartige Hinterland aus, die Zahl der Gästebetten ist auf 15 000 gestiegen. Auch mehrere Einkaufs- und Vergnügungszentren wurden geschaffen; attraktiv sind das in maurischem Burgstil erbaute Castillo Centro und das Atlántico im Süden des Orts.

Hotels/andere Unterkünfte

Barceló Fuerteventura → S. 45, b 2

Komforthotel direkt am Strand mit einem Wellnessbereich und mehreren Pools, viel Animation, vier Tennisplätzen, Squash, Minigolf und Fahrradverleih.

Playa del Castillo; Tel. 9 28 16 31 00, Fax 9 28 16 30 42; www.barcelo.com; 480 Zimmer ●●●● AmEx MASTER VISA

Elba Palace Golf → S. 45, südl. a 3

Das Clubhotel des Golfplatzes ist eine von kanarischer Architektur inspirierte Villa mit Holzbalkonen und Türmen. Es verfügt über ein Lesezimmer mit Bibliothek, eine Piano-Bar und eine gemütliche Bodega. Nach dem Golfen steigt man in den Pool oder entspannt sich bei türkischer oder finnischer Sauna.

Urb. Fuerteventura Golf Club/Ctra. de Jandía, Km. 11; Tel. 9 28-16 39 22, Fax 9 28-16 39 23; www.elbapalacegolf.com; 61 Zimmer ●●●● AmEx EURO VISA

Los Geranios → S. 45, südl. b 3

Das Fünf-Sterne-Haus am Meer beeindruckt durch minimalistische Ele-

ganz: Edle Naturmaterialien und räumliche Weite sorgen für Entspannung. Außer Komfort-Apartments kann man auch »Villas« buchen, die je über einen Mini-Pool verfügen. Außerdem gibt es eine Pool-Landschaft sowie ein Thalasso-Center.
Paseo Marítimo s/n; Tel. 9 02-53 03 35, Fax 9 02-52 03 35; www.solvasa.com; 214 Apartments ●●●● AmEx EURO VISA

Sheraton → S. 45, südl. b 3
Dem komfortgewohnten Gast bietet der Fünf-Sterne-Palast all das, wofür der Name »Sheraton« steht: perfekter Service zu jeder Tages- und Nachtzeit, hervorragendes Essen und ein architektonisch ansprechendes Ambiente in erster Strandlinie. Angeschlossen ist ein großer Spa-Bereich.
Paseo Marítimo s/n; www.sheraton.com; ●●●● AmEx EURO VISA

Barceló Club El Castillo → S. 45, c 2-3
Das »Touristendorf« nahe der Festung umfasst fünf Pools, vier Tennis- und zwei Squashcourts. Animation wird groß geschrieben, doch gibt es ruhige Gartenecken. Die Bungalows sind innen vergleichsweise schlicht.
El Castillo s/n; Tel. 9 28-16 31 00, Fax 9 28-16 30 42; www.barcelo.com; 382 Bungalows ●●● MASTER VISA

Essen und Trinken

Frasquita → S. 45, b 3
Ein Relikt aus der Pionierzeit des Tourismus, das keine Konzessionen an den Zeitgeist macht: Es liegt am südlichen Ende des Strandes und bietet frischen Fisch in einfach-urigem Ambiente.
Playa del Castillo; Tel. 9 28 16 36 57; Mo geschl. ●●

Puerto Castillo → S. 45, c 3
Das Lokal am Yachthafen ist zweigeteilt: Im Erdgeschoss gibt es tagsüber frisch gepressten Saft und Sandwiches, abends öffnet im Obergeschoss ein stimmungsvolles Lokal mit spanischen Spezialitäten.
Muelle Deportivo (Yachthafen) ●●
MASTER VISA

Café Mozart → S. 45, südl. b 3
Vom Terrassen-Café im Wiener Stil blickt man aufs Meer und genießt hausgemachten Kuchen, dazu guten Kaffee. Wer auf Pikantes steht, bestellt reich belegte Baguettes, die Waltraud aus Graz zubereitet.
C.C. Atlántico, Obergeschoss; Tel. 9 28-16 32 54

Einkaufen

Jeden Samstag findet in Costa Caleta ein Markt (Mercadillo → S. 45, b 1) statt. Marokkaner verkaufen Lederwaren, Schwarzafrikaner geschnitzte Masken und Aussteiger allerlei Kunsthandwerk. Das beste Sortiment an Boutiquen findet man im C.C. Atlántico.

Am Abend

Cavern
Frank Young, begeisterter Surfer und Mitglied der legendären Beat-Gruppe Hermans Hermits (»No Milk Today«, 1966), hat eine Kneipe im Hafen und lädt fünfmal pro Woche zu seiner Ein-Mann-Oldies-Show ein. Mit Evergreens reißt er das Publikum vom Hocker; es darf auch getanzt werden.
Mo–Fr ab 21 Uhr

Disco La Polca → S. 45, b 1
Die große Edeldisco am Ortseingang ist der wichtigste Treffpunkt nach Mitternacht.
Carretera General s/n; tgl. ab 22 Uhr

Service

Auskunft
Oficina de Turismo → S. 45, b 1
Touristeninformation mit engagierten Mitarbeitern. Tickets für U-Boot- und Ausflugsfahrten, Sportfischen und Segeltörns werden direkt im Hafen verkauft.
Castillo Centro; Tel. 9 28-16 32 86, Fax 9 28-16 36 11; E-Mail: caletafuste@teleline.es; Mo–Fr 9–15 Uhr

Busse
Halbstündlich (sonntags stündlich) fahren Busse zum Flughafen und zur Inselhauptstadt Puerto del Rosario.

Medizinische Hilfe
Clínica El Castillo
Allgemeinmedizin und Notdienst rund um die Uhr. Verständigung auf Deutsch möglich.
Urbanización El Castillo s/n; Tel. 9 28-16 31 23

Golf → S. 45, südl. b 3
18-Loch-Golfplatz, der in Fuerteventuras Gesteinswüste bizarr anmutet. Mit Clubhaus und Laden, Vermietung von Caddy-Wagen, Buggies und Schlägern.
Golf Club Fuerteventura; Ctra. FV-2, Km. 11; Tel. 9 28-16 00 34

Surfen
Escuela de Windsurfing → S. 45, c 3
Anfänger- und Fortgeschrittenenkurse für Jung und Alt.
Puerto Castillo; Tel. 9 28-86 64 86

Tauchen
Centro de Buceo → S. 45, c 3
Muelle Deportivo El Castillo; Tel. 9 28-16 39 83

Wellness
Thalaventura → S. 45, b 2
In einem 500 qm großen Meerwasserbecken unternimmt man eine »Tour« durch Sprudelbäder und massierende Wasserspiele,. Außerdem: Hydromassagebad, Schlammpackungen und Massagen.
Thalaventura, Sávila 10; Tel. 9 28-16 09 61; www.eurothermes.com; So geschl.

Costa Calma

⇢ S. 121, E 11

Ortsplan → S. 47

Der Name des Ferienorts an einer weißen, sandverwehten Landenge, 65 km südlich vom Flughafen, lautet übersetzt »ruhige Küste«. Er bietet einen kilometerlangen Sandstrand und einen großen Palmenhain.

Gleich bei der Ankunft wird man durch üppiges Grün überrascht, das in Kontrast zur kargen Landschaft steht. Zu beiden Seiten der Straße wurde ein Palmengarten angelegt, der mit recyceltem Wasser gespeist wird. Westlich erstrecken sich flach gebaute Apartmentanlagen, östlich Komforthotels auf einem felsigen Hang über dem Strand.

Ein Ortszentrum sucht man vergebens, und auch eine Promenade zum Flanieren wurde bislang nicht angelegt. Doch wozu braucht man eine Promenade, wenn man zu kilometerlangen Strandspaziergängen aufbrechen kann? Tatsächlich sind die

Playas de Sotavento de Jandía, die sich südwärts bis Jandía/Morro Jable ausdehnen, eine Piste für Strandläufer par excellence – Vergleichbares kann man auf dem ganzen Archipel nicht finden.

Ein etwa halbstündiger Spaziergang führt zur **Playa Barca**, einem Badeparadies ganz besonderer Art. Die lang gestreckte Lagune ist durch eine schmale Nehrung vom offenen Meer abgetrennt. Jenseits der Landzunge, wo der Wind oft mit einer Stärke von 4 bis 6 Beaufort bläst, tummeln sich Surfer, die einmal zu den ganz Großen gehören möchten. Im Juli kommen die wahren Cracks hierher – zu den Titelkämpfen für den World Cup!

Ab 1941 gehörte die gesamte Halbinsel Jandía dem Militäringenieur Gustav Winter (→ MERIAN-Spezial, S. 90). Ende der sechziger Jahre verkaufte er das Land schrittweise, vorzugsweise an deutsche Landsleute, darunter der Architekt Wenner, der der Küste den werbewirksamen Namen »Costa Calma« verlieh.

Doch sollten Jahre vergehen, bis die touristische Erschließung großen Stils beginnen konnte. Erst 1984 wurde die Straße vom Flughafen in den Süden asphaltiert, zwei Jahre später entstand eine Entsalzungsanlage, die die Wasserversorgung sicherstellte. Seitdem ist die Bauwut an dem Küstenabschnitt nicht mehr zu bremsen.

HOTELS/ANDERE UNTERKÜNFTE

Fuerteventura Playa ⇢ S. 47, C 2

Komfortables dreistöckiges Strandhotel am östlichen Ortsrand. Mit großer begrünter Poolanlage, zwei Tennis-Hartplätzen und Sauna sowie Animation rund um die Uhr. Weitaus geräumiger als die normalen Doppelzimmer sind die Apartments mit zusätzlichem Wohnraum und Kitchenette. Zum Strand läuft man etwa fünf Minuten.

Urbanización Cañada del Río;
Tel. 9 28-54 73 44, Fax 9 28-54 70 97;
www.sunandbeachhotels.com;
228 Zimmer ●●●● CREDIT

Rio Calma ⇢ S. 47, nordöstl. C 1

Mit seinem kirchenähnlichen Hauptbau samt Glockenturm prägt das Vier-Sterne-Hotel die Silhouette Costa Calmas. Die abseitige Lage – zu Fuß gelangt man nur über staubige Pisten ins Ortszentrum – versucht man durch ein umfassendes Angebot wettzumachen: Alle Zimmer haben Meerblick,

Direkt am Meer liegt das großzügige Komforthotel Costa Calma Palace.

baden kann man nicht nur am Strand, sondern auch in einer künstlich angelegten Meerwasser-Lagune sowie in zwei Pools; an bewölkten Tagen geht man ins große Spa mit Hallenbad, Saunen und Erlebnisduschen. Nicht inklusive ist die Benutzung der beiden Kunstrasen-Tennisplätze, der Squash- und Paddle-Tennis-Courts sowie der 36-Loch-Minigolfanlage.
El Granillo; Tel. 9 02-40 03 60, Fax 9 28-87 61 49; www.r2hotels.com; 384 Zimmer ●●●● MASTER VISA

Risco del Gato → S. 47, a 4
Exklusives Bungalowhotel oberhalb des Strandes, frei von Hektik und Animation. Die Anlage ist auf Fuerteventura einzigartig, Rundbauten schaffen ein außergewöhnliches Wohngefühl. Sämtliche Suiten sind großzügig gestaltet, verfügen über King-Size-Betten und runde Kuppelbäder mit Jacuzzi-Wanne. Von der windgeschützten Terrasse schaut man allerdings nur noch aus der Reihe 100 schräg aufs Meer, denn Risco del Gato wurden in einiger Entfernung mehrere Hotels vor die Nase gesetzt. Zur Anlage gehören drei schöne Pools, ein kleines Wellness-Center sowie eine halbüberdachte Tennishalle.
Cañada del Río; Tel. 9 28-54 71 75, Fax 9 28-54 70 30; www.hotelriscodelgato.com; 51 Bungalows ●●●● MASTER VISA

Costa Calma Palace → S. 47, b 3
Sechsstöckiges, terrassenförmig angelegtes Komforthotel direkt am Strand mit vier Glasaufzügen, schönen Sitzgruppen auf allen Etagen, mehreren In- und Outdoor-Pools, zwei Tennishartplätzen und einem Zentrum für Thalassotherapie.
Tel. 9 28 87 59 82, Fax 9 28 54 71 04; www.sunrisebeachhotels.com; 424 Zimmer ●●● MASTER VISA

Golden Beach → S. 47, südl. a 4
Vom »goldenen Strand« ist das 1996 eröffnete, großzügig konzipierte Komforthotel gut zehn Gehminuten entfernt. Die Zimmer gruppieren sich um einen Pool, nur die so genannten VIP-Räume haben Meeresblick. Im angeschlossenen Sport Center gibt es zwei Tennis-Hartplätze, Squashcourts, Minigolf, Fitnessraum und Sauna. Ein kostenloser Shuttle-Bus bringt Gäste nach Playa Barca. Strandtücher gibt es nur gegen Kaution, jedes Waschen wird extra berechnet. Dafür wird zur Begrüßung ein Glas Sekt serviert, und um die Gäste bei Laune zu halten, findet jeden Sonntag eine Grillparty statt. Gegenüber vom Golden Beach findet sich das Einkaufszentrum El Botánico, das seinen Namen Lügen straft.
Av. Jahn Reisen s/n; Tel. 9 28-87 50 00, Fax 87 50 01; 143 Zimmer ●●● MASTER VISA

Monica Beach → S. 47, b 2–3
Weitläufige Anlage im Südabschnitt der Feriensiedlung. Von der Eingangshalle kommt man zur Pool-Landschaft und von dort direkt zum Meer. Unter den Gästen befinden sich viele Sportfreunde: Auf vier Hartplätzen kann Tennis gespielt werden, außerdem gibt es drei Squashcourts, Fitnesscenter und Sauna.
Av. Jahn Reisen s/n; Tel. 9 28-54 72 14, Fax 54 73 18; www.sunrisebeachhotels.com; 240 Zimmer ●●● MASTER VISA

Playa Esmeralda → S. 121, E 11
Beliebtes Vier-Sterne-Hotel über dem Strand mit weitem Blick über die Lagune Playa Barca. Für Urlaubslaune sorgen maurische Türmchen und Zinnen, fürs Wohlbefinden mehrere Pools, die durch Wasserspiele miteinander verbunden sind.
Playa Esmeralda; Tel. 9 28-87 55 52, Fax 9 28-87 55 47; www.h10.es; 335 Zimmer ●●● AmEx MASTER VISA

Taro Beach → S. 47, c 2
Terrassenförmig angelegtes Aparthotel mit großem Pool und umfangreichem Sportprogramm; direkt am Strand. Hier sind Action und Anima-

Von morgens bis nachts dreht sich hier (fast) alles ums Surfen: Fuerte Action ist der In-Treff für Wellenreiter und ihre Fans.

tion fast rund um die Uhr angesagt, auch für Kinder gibt es jede Menge Spaß und Unterhaltung. Alle Zimmer haben Meeresblick. Die Sportanlagen des Nachbarhotels Monica Beach (→ S. 49) können mitbenutzt werden.

Av. Jahn Reisen s/n; Tel. 9 28-54 70 76, Fax 9 28-54 70 98; www.sunrisebeachhotels.com; 272 Apartments ●●● MASTER VISA

Las Palomas ⇢ S. 47, a-b 4

Ruhig gelegener Komplex weiß strahlender, 50 qm großer Bungalows mit üppig begrünten Vorgärten und Süßwasserpool. Der Strand liegt nur wenige Minuten entfernt.

Urb. Bahía Calma; Tel. 9 28-54 71 58; 49 Apartments ●●

Sol Gorriones

⇢ S. 47, südwestl. a 4

Fantastische Lage, doch keine sehr einfallsreiche Architektur: Am breiten Sandstrand Playa Barca (2 km südlich von Costa Calma) einsam gelegenes, achtstöckiges Mittelklassehotel mit zwei modernen Dependancen und parkähnlichem Garten. Zum Haus gehören vier Pools und zwei Tennis-Hartplätze, Mountainbikes sind ausleihbar. Surfbegeisterte belegen Kurse in der Surfschule René Egli (→ S. 51).

Playa Barca (km 69); Tel. 9 28-54 70 25, Fax 9 28-54 70 00; www.solmelia.com; 431 Zimmer ●● AmEx DINERS MASTER VISA

Essen und Trinken

Bahía Calma ⇢ S. 47, a 4

Hell und freundlich eingerichtetes Restaurant, angeschlossen an die gleichnamige Bungalowanlage. Morgens Frühstücksbuffet, abends Speisen à la carte, vor allem köstliche, anspruchsvolle Fischgerichte.

In der gleichnamigen Bungalowanlage (Seitenstraße); Tel. 54 74 34; tgl. 8.30–11 und 18–23 Uhr ●●● MASTER VISA

Risco del Gato ⇢ S. 47, a 4

Man muss nicht Gast des Bungalowhotels sein, um an den Künsten des Kochs teilhaben zu können. Abends gibt es ein täglich wechselndes Vier-Gänge-Menü, alle 14 Tage ein rustikales Buffet mit Livemusik.

Tel. 54 71 75; tgl. ab 11 Uhr, Abendgericht ab 19 Uhr ●●● AmEx MASTER VISA

Copa ⇢ S. 47, b 2

Dank seiner konstant guten »Erlebnisküche« hat sich das Lokal viele Stammkunden erworben – und das trotz seiner wahrlich nicht berauschenden Lage hinter dem Einkaufszentrum El Palmeral. Paul Zillgens serviert Hase, Lamm und Rindersteak in feiner Sauce, die Portionen sind großzügig und das Ambiente gemütlich. Da es im Lokal nur zehn Tische gibt, hat der Wirt zwischendurch auch Zeit für ein Schwätzchen.

C.C. El Palmeral; Mobiltel. 6 46-75 53 05; tgl. außer Mo ab 18 Uhr ●●

Fuerte Action ⇢ S. 47, b 2

Szene-Treff der Costa Calma, mit Korbstühlen und Palmwedeln im Stil einer Strandpinte eingerichtet; in der Bar, die dem gleichnamigen Surfer-

Shop angeschlossen ist, versammeln sich Fuerte-Residenten, Spanier und passionierte Surfer. Lockeres Ambiente; von zwei Fernsehschirmen werden Tennis- und Fußballspiele übertragen. Frühstücksgedecke »von normal bis vital« (bis 12 Uhr), gut belegte Sandwiches und Baguettes, frisch gepresste Obstsäfte und hausgemachtes Eis.

C.C. El Palmeral; tgl. 8.30–1 Uhr ●

Einkaufen

Mit Lebensmitteln und Zeitungen, Fotozubehör, Kleidung und Schmuck versorgt man sich in den **Centros Comerciales.** Als Top-Adresse gilt das Einkaufszentrum Sotavento. Junge Surfer finden alles, was sie für ihren Lieblingssport brauchen, im Centro El Palmeral. Der kleine Sonntagsmarkt (Mercadillo, 10–14 Uhr) findet auf der Plaza Hapag Lloyd am nördlichen Ortsausgang statt.

Am Abend

Hotels sorgen allabendlich für Unterhaltung; manchmal gibt es eine Party am Pool oder am Strand. Die Lokale in den Einkaufszentren sind meist nur freitags und samstags gut gefüllt, Konzerte mit Livemusik werden auf Plakaten angekündigt. Discos lohnen den Besuch nur im Sommer, ansonsten trifft man sich im Szene-Lokal Fuerte Action (→ S. 50).

Service

Auskunft

Buchhandlung & Waschsalon ⟶ S. 47, b 3

Buchladen mit großer Auswahl an deutschsprachiger Literatur, darunter auch Inselromane und Werke des Exilschriftstellers Miguel de Unamuno, Bestseller und Bestimmungsbücher, Märchen und Kinderliteratur, Zeitungen und Zeitschriften. Außerdem Telefonkarten und Faxservice.

C.C. Costa Calma Arena; Tel./Fax 9 28-87 50 77; Mo–Fr 9.30–13, 16–20, Sa 9.30–14 Uhr

Busse ⟶ S. 47, c 1–2

Gute Linienbusverbindungen entlang der Südküste nach Morro Jable sowie nordwärts über Gran Tarajal und Antigua zur Hauptstadt Puerto del Rosario (Haltestellen am Verkehrskreisel).

Medizinische Hilfe

Apotheke ⟶ S. 47, b 2–3

Hotel Monica Beach, Av. Jahn Reisen s/n; Tel. 9 28-54 70 80

Centro Médico ⟶ S. 47, c 2

Privater deutschsprachiger Ärztedienst mit Notdienst rund um die Uhr.

Hotel Taro Beach; Av. Jahn Reisen s/n; Tel. 9 28-54 70 95

Mountainbikes

Räder leiht man im Surf Center René Egli in Playa Barca aus.

Polizei ⟶ S. 47, c 2

Policía Local, Av. Jahn Reisen 4; Tel. 9 28 87 51 75

Wind- und Kite-Surfen

René Egli ⟶ südwestl. S. 47, a 4

Im Hotel Sol Gorriones (→ S. 50) hat die renommierte Surfschule ihre Basis. VDWS-geprüfte Lehrer geben Anfänger- und Auffrischungskurse, buchbar vor Ort. Surfboards und Neopren-Anzüge können geliehen oder gekauft werden.

Playa Barca (km 69); Tel. 9 28-54 74 83, Fax 9 28-54 73 88; www.rene-egli.com

Tauchen

Aquarios Jandía ⟶ S. 47, c 2

Tauchzentrum im Sotavento Beach Club; Tel. 9 28-54 70 41, Fax 9 28-54 70 09

Taxi ⟶ S. 47, c 2

Av. Jahn Reisen s/n, C.C. Sotavento; Tel. 9 28-54 70 32

Tennis ⟶ S. 47, b 2–3

Die größte Auswahl an Plätzen bietet das Monica Beach Hotel (→ S. 49), wo auch Schläger ausgeliehen werden.

Sport wird im Robinson Club Esquinzo Playa riesengroß geschrieben – das ist freilich auch nötig angesichts der fantastischen Küche, die hier aufgetischt wird.

Esquinzo

⟶ S. 121, D 12

Zwar geht es in Esquinzo noch ruhiger zu als in den benachbarten Ferienzentren, doch expandiert auch dieser Ort unentwegt: Statt einiger weniger Apartmentanlagen, die wie Adlerhorste auf den Klippen thronten, gibt es nun viele große Club- und All-Inclusive-Hotels. Gewiss wird es nicht mehr lange dauern, bis Esquinzo mit Jandía zu einer einzigen großen Urbanisation verschmelzen wird.

Esquinzos Vorteil ist sein schöner Strand, der sich am Fuß der Klippen kilometerweit Richtung Süden erstreckt. Im Abstand von 500 m gibt es »chiringuitos«, einfache Lokale für Snacks und kühle Drinks. Die älteren, gemütlicheren Apartmenthäuser befinden sich in der nördlichen Bucht; die neueren, komfortableren, dafür anonymeren Anlagen reihen sich im Süden des Orts aneinander.

Hotels/andere Unterkünfte

Robinson Esquinzo Playa

Jüngste Anlage des Robinson Club mit kleinen Bungalows inmitten von viel Grün. Dank des eifrigen Animationsprogramms für Jung und Alt fühlen sich hier vor allem Familien wohl. Der Robinson Club verfügt über zwei Pools und Kinderplantschbecken, Sauna und Fitnesscenter. Großer Pluspunkt: das umfangreiche Sportangebot mit 13 Quartzsand-Tennisplätzen und einer Surf- und Segelschule. Außerdem gibt es ein Stoffmalerei-Atelier; abends trifft man sich in der Disco oder im Clubtheater. Die Devise lautet: »Alles zum Nulltarif« – doch ob dies auch für Massage, Surfbretter und Katamaransegler gilt? Besser nachfragen!

Barranco de Esquinzo; Tel. 9 28-16 80 00, Fax 9 28-16 84 00; www.robinson-esquinzo.com; 420 Zimmer ●●●●

AmEx DINERS MASTER VISA

Esquinzo Beach

All-Inclusive-Hotel der Fluglinie LTU in einer 53 000 qm großen Anlage abseits des Strandes. In den 1,4 m breiten Betten darf man königlich schlafen. Die Zimmer sind hell und komfortabel, haben Sat-TV, Klimaanlage und Balkon. Zum Hotel gehören zwei

große Pools, drei Tennis-Hartplätze und zwei Squashcourts, Sauna und Fitnesscenter.
Tel. 9 28-54 41 00, Fax 9 28-54 41 07; www.lti.de; 385 Zimmer und Bungalows
●●● AmEx MASTER DINERS VISA

Jandía Princess
Komfortables All-Inclusive-Hotel in bester Lage direkt über dem Meer. Mit minarettartigen Türmchen und vier terrassenförmig angelegten Pools, einer davon mit Glasdach, so dass man auch bei Wind und Regen schwimmen kann. Mit sechs Kunstrasen-Tennisplätzen, Sauna und Fitnesscenter, Jacuzzi und Massagesalon. Unverstellten Meeresblick genießt man nur in den Zimmern im Trakt E.
Urbanización Esquinzo; Tel. 9 28-54 40 89, Fax 9 28-54 40 97; www.princess-hotels.com; 528 Zimmer
●●● MASTER VISA

Esquinzo
Zwar liegt die ältere Anlage in zweiter Strandlinie, doch wird sie schwungvoll von einer italienischen Familie geführt. Empfehlenswert sind nur die aussichtsreicheren Apartments rund um den Pool, viel Pizza und Pasta gibt es im Lokal Marinero.
Munich 2; Tel./Fax 9 28 54 40 85; 60 Apartments ●●

Marina Playa & Monte Marina
Das Marina Playa, freundlich geführt von Familie Duffner, thront auf einer Klippe über dem Strand. Empfehlenswert sind vor allem die Apartments im vierten und fünften Stock, die unverstellten Meerblick bieten. Gefrühstückt wird in einem Holzpavillon mit Aussichtsterrasse, wo nachmittags auch hausgemachter Kuchen serviert wird. Unter einem Pavillondach befindet sich auch das kleine Hallenbad, das mit dem Außenpool verbunden ist. In zweiter Strandlinie befindet sich die FKK-Anlage Monte Marina, in die man seinen Hund mitbringen kann. Rabatt wird im Sommer sowie unmittelbar nach den Weihnachtsferien gewährt. Für Überwinterer gibt es Sonderkonditionen.
Volcán del Vayoyo s/n; Tel./Fax 9 28-54 40 52; www.montemarinaplaya.de
●●

Essen und Trinken
Chiringuito Emilio
Im besten Strandlokal von Esquinzo sitzt man auf einer erhöhten Terrasse und genießt den romantischen Sonnenuntergang. Paco brät Garnelen in Knoblauchsauce, dazu serviert Heladio Sangría mit Sekt.
Playa Esquinzo; tgl. 9–18 Uhr ●

Jandía/Morro Jable
→ C 12, S. 120

Ortsplan Morro Jable → S. 55

Eine ideale Urlaubsstadt für alle, die weite Strände lieben und sich abends amüsieren wollen, ein Zwitter aus Feriensiedlung und Fischerdorf.

MERIAN-Tipp

6 Marabú – kulinarisches Highlight im Süden
Während viele Lokale aufgrund der All-Inclusive-Konkurrenz schließen müssen, können sich Ralf und Eloisa über mangelnde Kundschaft nicht beklagen. Das Erfolgsrezept: frische Zutaten, zubereitet mit Pfiff und dies zu erschwinglichen Preisen. Zu den fantasievoll abgewandelten kanarischen Klassikern zählen Brunnenkressesuppe mit Räucherlachs, frittierte Riesengarnelen mit Kürbis-Chutney sowie Lammspieß auf Ratatouille.

Fuente de Hija s/n, Esquinzo; Tel. 9 28-54 40 98; www.marabu-online.com; tgl. außer So ab 13.30 Uhr, warme Küche bis 23 Uhr ●● CREDIT

→ S. 120, C 12

Eine breite Straße durchschneidet den Ort: An der strandabgewandten Seite reihen sich gepflegte Hotels und Apartmenthäuser. Oft sind sie terrassenförmig an den Hang gebaut, so dass der Meeresblick auch aus den »hinteren Reihen« gewährleistet ist. Ein weiterer Vorteil kommt hinzu: In Jandía findet der Tourist auf engem Raum alles, was er im Urlaub braucht – Shoppingcenter, Post und Wechselstuben, Tauchschule und Fahrradverleih.

Zum Strand, der in diesem Abschnitt **Playa del Matorral** heißt, hat man es nicht weit. Allerdings muss man die stark befahrene Hauptstraße kreuzen und dann ein kurzes Stück durch Salzwiesen zurücklegen – sie sind von Tamarisken bewachsen und stehen unter Naturschutz. Die Playa del Matorral ist wunderbar zum Baden und auch für Kinder geeignet. Man kann segeln, surfen und tauchen. Liegestühle- und Sonnenschirmeverleih. Im Norden geht er in die Playa de Butihondo über, insgesamt gibt es fünf Strandbuden. Nur vier Hotels liegen unmittelbar am Strand: die älteren Clubs Robinson und Aldiana sowie die neueren Nobelhotels Riu Palace und Iberostar Fuerteventura.

Eine 2 km lange Strandpromenade verbindet Jandía Playa mit dem noch immer gemütlichen Fischerdorf Morro Jable. Ältere Besucher erinnern sich an die Zeit, als hier nur wenige Häuser standen, verstreut über die angrenzenden Hügel. Das Ufer, an dem die Männer früher ihre Netze flickten, wurde in eine Promenade verwandelt, an der sich heute gemütliche Fischlokale aneinander reihen. Knoblauchduft weht über die Terrassen, vermischt sich mit der salzigen Gischt zu einem Elixier, das hungrig macht auf frische, leckere Meeresfrüchte.

Eine Felsklippe trennt das Dorf vom emsigen Hafen. Mehrmals wöchentlich fahren von hier Fährschiffe zu den Nachbarinseln Gran Canaria und Teneriffa, kleinere Boote starten zu Ausflügen und Angeltörns. Jenseits des Hafens ist die Welt des Tourismus dann abrupt zu Ende. Über eine holprige Schotterpiste erreicht man **Faro de Jandía** an der Südwestspitze oder das nördlich gelegene **Cofete** mit dem »Traumstrand« von Barlovento (→ MERIAN-Spezial, S. 90). Wer wandern will, verlässt die Piste nach 5 km auf einem rechts abzweigenden breiten Weg, der quer durchs Gebirgsmassiv nach Cofete führt.

Hotels/andere Unterkünfte

In Jandía wohnt man in großen Touristenkomplexen, in Morro Jable in Pensionen und kleinen Apartmenthäusern.

Barceló Golf → S. 55, östl. c 2
Das Fünf-Sterne-Golfhotel liegt am Ende eines von der Küste nicht einsehbaren, von gezackten Felswänden eingerahmten Tals. Es ist im kastilischen Landhausstil eingerichtet, am schönsten sind die Zimmer unter den Arkaden im Südteil: Man tritt direkt ins Grüne, das in die gewellten Rasenteppiche des Golfplatzes übergeht.
Barranco de Vinamar; Reservierung aus Deutschland: Tel. 0 18 05-04 02 00; www.barcelo.com ●●●● CREDIT

Riu Calypso → S. 55, östl. c 3
Terrassenförmig an den Hang gebautes Hotel an der Grenze Jandía/Morro. Von den meisten Zimmern hat man Blick aufs Meer, von einigen leider nur auf den Parkplatz – auch die Straße ist teilweise zu hören. Großer Vorteil: Über die Pool-Landschaft hat man einen direkten Zugang zum Meer. Tennis und Wellness gegen Gebühr, mehrmals pro Woche abendliche Shows.
Calle Canarias s/n; Tel. 9 28-54 00 26, Fax 9 28-54 07 30; www.riuhotels.com; 248 Zimmer ●●●● CREDIT

Riu Palace Jandía ⇢ S. 55, östl. c 3
Prunkvolles Hotel auf felsiger Anhöhe mit direktem Zugang zum Strand. Mit einer glasüberdachten Empfangshalle und großzügig eingerichteten Junior-Suiten. An stürmischen Tagen trifft man sich am fantasievoll gestalteten Pool. Für Unterhaltung ist gesorgt, es gibt Livemusik und Shows.
Carretera General/Calle Arena s/n; Tel. 9 28-54 03 70, Fax 9 28-54 06 20; 209 Zimmer ●●●● CREDIT

Barceló Jandía Playa ⇢ S. 55, östl. c 2
Am Ortseingang, hoch über dem Einkaufszentrum Ventura. Pompös aufgemachte Halle und geräumige Komfortzimmer; angeschlossen sind ein Spa- und Fitness-Center sowie vier Pools. Mit Animation werden Kinder und Erwachsene bei Laune gehalten.
Barranco de Vinamar; Tel. 9 28-54 60 00, Fax 9 28-54 26 26; www.barcelo.com; 634 Zimmer ●●● CREDIT

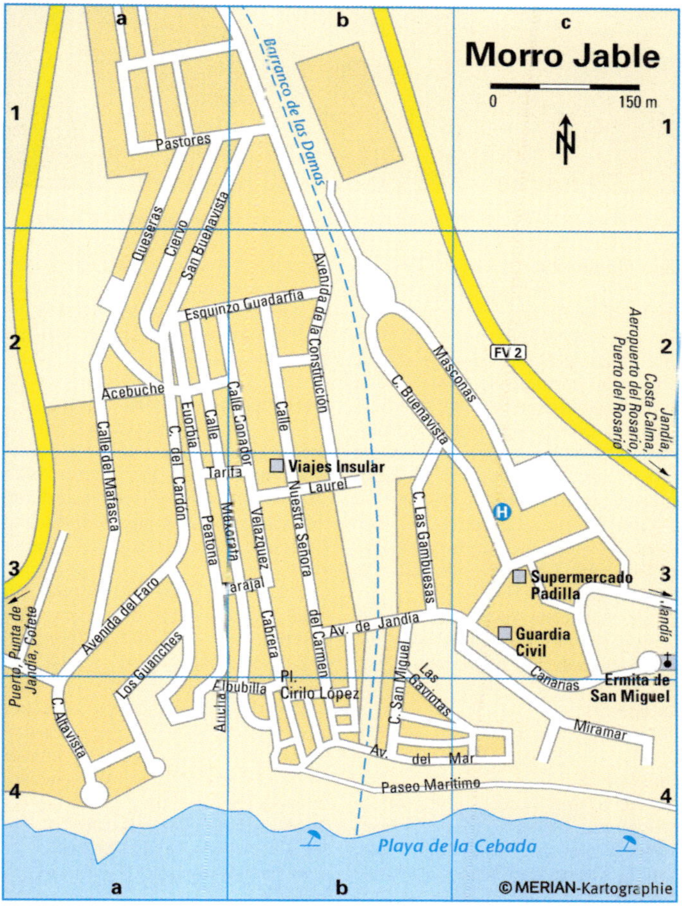

Vom kleinen Hafen des Dorfes Morro Jable stechen noch heute Fischerboote in See.

Club Aldiana Fuerteventura
→ S. 55, nordöstl. c 3
Weitläufige Anlage im kanarischen Stil auf einer Klippe am nördlichen Strandabschnitt von Jandía. Sport wird groß geschrieben: Man kann Surfen, Segeln und Tauchen erlernen, auf neun Quarzsand- und zwei Fluidplätzen Tennis spielen. Außerdem gibt es ein Trainingscamp für Golfspieler, Fahrradverleih sowie ein großes Wellness-Center. Für Unterhaltung sorgen Animateure, die Diskothek befindet sich unterhalb des Amphitheaters.
Valle de Butihondo (km 85); Tel. 9 28-54 11 47, Fax 9 28-54 10 93; www.aldiana.de; 348 Zimmer ●●● CREDIT

Coronado
→ MERIAN-Tipp, S. 17

Faro Jandía → S. 55, östl. c 3
Auf der Höhe des Leuchttums (»faro«) gelegenes, bestens ausgestattetes Komforthotel mit beheiztem Pool, Sauna, Fitness und Tennis. Im hauseigenen »Theater« finden abends Shows und Musicals statt, die Küche des Hauses verdient höchstes Lob.
Av. del Saladar s/n; Tel. 9 28 54 50 35, Fax 9 28 54 52 40, www.farojandia.com; 214 Zimmer ●●● CREDIT

Iberostar Palace Fuerteventura
→ S. 55, nordöstl. c 3
Die Empfangshalle mit ihrer afrikanisch-maurischen Architektur hebt sich wohltuend von vielen anderen Hotels ab; das Ambiente wirkt elegant und heiter. Auch die Zimmer verdienen Lob: Sie sind geräumig und mit Holz- und Korbmöbeln behaglich eingerichtet, die meisten haben Meeresblick. Zum Haus gehören drei Pools, Fitnessraum, Sauna und Squashcourt, eine Tauch- und Surfschule bietet diverse Kurse. Tagsüber gibt es »Soft-Animation«, abends Shows. Das Haus ist deutlich besser als das benachbarte All-Inclusive-Hotel der gleichen Kette.
Urbanización Las Gaviotas (km 85.4); Tel. 9 28-54 04 44, Fax 9 28-54 04 05; www.iberostar.com; 437 Zimmer ●●● MASTER VISA

Garonda Jandía S. 55, c 3
Vierstöckiges Hotel an der Hauptstraße (nahe dem Robinson-Club), bitte nach Zimmern mit Meerblick fragen!
Solana Matorral, Jandía;
Tel. 9 28-54 04 30, Fax 9 28-54 02 18;
238 Zimmer ●●● MASTER VISA

Robinson Jandía Playa S. 55, östl. c 3
Der Pionier aller Robinson-Clubs: In bester Lage am kilometerlangen Sandstrand entstand in den 1970er-Jahren das erste Hotel in damals moderner Hochbauweise, später kamen zweigeschossige Patio-Häuser im kanarischen Stil hinzu. Eingebettet ist die Anlage in einen großen subtropischen Garten mit Schatten spendenden Palmen. Während der Robinson-Club in Esquinzo v. a. von Familien mit Kindern gebucht wird, dominieren in Jandía Singles, Paare und Sportfreaks. Mehrmals täglich gibt es Gourmet-Bufetts mit viel Frisch- und Naturkost, die jeden Tag variiert werden. Wie bei Robinson üblich, speist man nicht in trauter Zweisamkeit, sondern sitzt an großen Tischen, an denen auch andere Gäste Platz nehmen. Anfangs ist dieses Procedere ungewohnt, doch fördert es Bekanntschaften; dazu passt das durchgesetzte kommunikative »Du«. Das Sportangebot lässt kaum einen Wunsch offen, von Gymnastik, Tanz und Aerobic bis zu Tauchen, Segeln und Surfen kann man hier alles lernen bzw. praktizieren. Wer sich kreativ betätigen möchte, übt sich in Seiden- und Textilmalerei.
Av. del Saladar 23, Jandía;
Tel. 9 28-16 91 00, Fax 9 28-16 95 40,
364 Zimmer ●●● CREDIT

Alberto S. 55, a 2
Kleine, terrassenförmige Anlage über den Dächern von Morro Jable. Schwarz-weiß möblierte Apartments auf zwei Ebenen, dazu eine Sonnenterrasse mit Liegen.
Calle del Cardón 3, Morro Jable;
Tel. 9 28-54 15 22, Fax 9 28-54 13 10;
www.aptosalberto.com; 20 Apartments
●●

Atalaya de Jandía S. 55, a 4
Klein, aber fein: Die Anlage liegt auf einer Klippe und bietet einen fantastischen Ausblick aufs Meer und den Hafen von Morro Jable. Familiär geführt, behaglich eingerichtete Apartments mit Sat-TV und großen Balkons. Zum Haus gehören Sauna und Pool. Buchbar über TUI.
Calle Altavista, Morro Jable;
Tel. 9 28-54 02 27, Fax 9 28-54 02 38;
20 Apartments ●●

Stella Canaris S. 55, östl. c 3
Größtes Feriendorf der Insel. Am Rand eines tropischen, 300 000 qm großen Parks reihen sich sieben Apartmentanlagen unterschiedlichen Standards. Am besten gelegen ist **Montesol** direkt am Hang, von den Zimmern genießt man Meeresblick. Schön sind auch die von Tümpeln und üppiger Vegetation umgebenen Chalets.
Urbanización Stella Canaris, Jandía;
Tel. 9 28-87 33 99, Fax 9 28-87 34 95;
www.stellacanaris.com; 1600 Zimmer ●●
CREDIT

SEHENSWERTES

Ermita de San Miguel S. 55, c 3
Hübsche Kapelle am Ostrand von Morro Jable, vom benachbarten Hotel Riu Palace fast erdrückt. Der schlichte Innenraum kann meist nur zur Messe am Sonntagvormittag besichtigt werden.

Parque Zoológico Stella Canaris S. 55, östl. c 3
Großer, schattiger Vogelpark, der nicht nur Kindern Vergnügen bereitet. Pelikane und Kormorane stolzieren durchs Gehege, in Käfigen flattern bunte Exoten aus aller Welt. Am skurrilsten ist der Fleisch fressende Marabu: Mit dürren Beinchen, tief ein-

gezogenen Flügeln und schütterem Haar wirkt er wie ein Wesen aus dem Märchenland. Der Zutritt ist gratis – auch für diejenigen, die nicht im Feriendorf wohnen.

Urbanización Stella Canaris, Jandía

Essen und Trinken

La Gaviota → S. 55, c 4
Am Nordostende der Promenade gelegen, ruhig und vergleichsweise stilvoll. Gute Fischgerichte und preiswerte Tapas.
Av. del Mar 27, Morro Jable; Tel. 9 28-54 19 61 ●● MASTER VISA

La Farola del Mar → S. 55, b 4
In der »Meereslaterne«, in Verlängerung der Uferpromenade am Treppenweg Richtung Hafen, geht es feiner zu als bei der Konkurrenz in erster Strandlinie. Auf einer Tafel steht angeschrieben, welcher Fisch frisch eingetroffen ist. Wer sich zwischen »bonito«, »barrakuda« und »peto« (und diversen anderen Sorten) nicht entscheiden kann, bestellt einen Filet-Mix. Lecker ist der »geräucherte Fischteller« mit hauchdünn aufgeschnittenen Scheiben von Marlin, Tunfisch und Gotteslachs. In der Küche werkelt Koch-Profi Sven, Udo serviert: Das Ambiente ist freundlich-unkompliziert, von der Terrasse blickt man auf einen durch Felsarme geschützten Mini-Strand.
Av. del Mar s/n; Tel. 9 28-54 08 34; www.morrofisch.com; tgl. außer Mi ab 12 Uhr ●●

La Strada → S. 55, b 4
Die Bilder von Morro Jable anno dazumal stimmen etwas melancholisch, Trost spendet die gute Küche: Spezialität sind Seezungenröllchen in Estragonsauce, Vegetarier bestellen die preiswerten Tomatenvarianten (mit Knoblauch, Tunfisch und Käse sowie in Folie überbacken) oder die mit Gemüse-Curry gefüllten Crêpes.
San Juan 14; Tel. 9 28-54 08 12; tgl. außer Mo ab 18 Uhr ●●

Vesubio → S. 55, b 4
Pizzen, Tortillas und gemischte Fischplatten an der Promenade oder – noch schöner – auf der Terrasse im ersten Stock. Pünktlich treffen abends die Stammgäste ein, um den Sonnenuntergang zu genießen.
Av. del Mar 2, Morro Jable; Tel. 9 28-54 03 91; tgl. 11–22 Uhr ● MASTER VISA

La Chosa → S. 55, b 4
Café, Bar und Restaurant mit kuscheligen Sofas und nur wenigen Tischen, moderner Wandkunst und abendlicher Livemusik. Die Küche ist international ausgerichtet.
Casco Viejo 2, Morro Jable; Mo geschl.

Einkaufen

In Jandía finden sich fast alle Einkaufsläden entlang der Hauptstraße und in den Centros Comerciales, den großen Einkaufs- und Vergnügungszentren.

Mercado Municipal → S. 55, bc 2
In der Markthalle von Morro Jable kaufen Selbstversorger Obst und Gemüse, Fisch und Fleisch sowie den berühmten Inselkäse.
Masconas s/n; Morro Jable; Mo–Fr 8.30–16, Sa 9–14 Uhr

Am Abend

Das Nachtleben spielt sich weitgehend im Hotel ab. Die größeren Komforthotels verfügen über Piano-Bars und Discos. Das Ausgehen beschränkt sich somit auf Restaurant- und Barbesuche. In der »Fressgasse« zwischen Einkaufszentrum Jandía und Stella Canaris findet man zahlreiche spanische Lokale, aber auch Bierkneipen.

Disco Pub Tequila → S. 55, östl. c 3
Beliebter Treffpunkt von Einheimischen und Besuchern, am Wochenende bis zum Morgengrauen geöffnet. Auf der Terrasse Strandbar-Atmosphäre mit Cuba Libre.
C. C. Faro (1. Stock), Jandía; tgl. ab 21 Uhr

Disco Stella ⇢ S. 55, östl. c 3
Bis weit nach Mitternacht eine gute Adresse für alle Altersstufen.
Urbanización Stella Canaris; Avenida del Salada; tgl. ab 20 Uhr

SERVICE

Auskunft

Oficina de Turismo ⇢ S. 55, östl. c 3
Shopping Center Jandía, Local 88, Jandía; Tel. und Fax 9 28-54 07 76; www.playasdejandia.com; Mo–Fr 9–13 und 16–19 Uhr, weitere Informationsstände im Strandbereich

Autovermietung

Cicar ⇢ S. 55, östl. c 3
Ed. Palm Garden, Local 30, Av. del Saladar s/n, Tel. 9 28 54 15 77

Busse ⇢ S. 55, c 3 und östl. c 3
Gute Verbindungen bestehen entlang der Küste nach Costa Calma sowie nach Antigua und Puerto del Rosario. Der Bus startet in der Calle Buenavista in Morro Jable. In Jandía gibt es Haltestellen u. a. am Feriendorf Stella Canaris und am Club Aldiana.

Hochseeangeltouren ⇢ S. 55, westl. c 3
Täglich um 9 Uhr starten Boote (**Blue Fin**) zu einer sechsstündigen Tour. Zu buchen über alle Hotels oder direkt im Hafen.

Medizinische Hilfe

Apotheke ⇢ S. 55, östl. c 3
Shopping Center Jandía; Tel. 9 28-54 05 53

Centro de Salud ⇢ S. 55, nördl. a 1
Barranco del Ciervo, Morro Jable; Tel. 9 28 54 50 70

Grupo Médico Alemán ⇢ S. 55, östl. c 3
Deutsche Gemeinschaftspraxis mit Ärzten für Allgemeinmedizin, Naturheilkunde; im gleichen Haus befindet sich auch eine Zahnarztpraxis.
Edificio Jandía Luz 10, Carretera de Jandía s/n; Tel. 9 28-54 07 58

Polizei

Guardia Civil ⇢ S. 55, c 3
Morro Jable; Tel. 9 28-54 11 07

Post ⇢ S. 55, b 3
Calle Buenavista / Las Gambuesas s/n; Mo–Fr 9–13 Uhr

Schiffsverbindungen ⇢ S. 55, westl. c 3
Vom Hafen starten täglich außer So Tragflügelboote (**Jetfoils**) der Linie Trasmediterránea nach Las Palmas de Gran Canaria. Die Fahrzeit beträgt etwa 90 Minuten.

Segeln ⇢ S. 55, westl. a 4
Bei Lutz Wellenkamp können Einsteiger, Aufsteiger und Spezialisten Segelkurse belegen und Segelscheine ablegen. Auch Törns und Yachtcharter werden angeboten.
Urb. Puerto Jandía 4,2; Mobiltel. 6 76-38 19 30; www.prosail-fuerte.de

Segeltouren ⇢ S. 55, westl. c 3
Der Windjammer »Pedra Sartaña« stammt noch aus den Vierzigerjahren und startet ab dem Hafen Morro Jable mehrmals wöchentlich zu Ausflügen entlang der Küste. Gegen Mittag wird dann der Anker geworfen und man kann schwimmen, sonnenbaden oder angeln.
Tickets im Reisebüro oder am Hafen

Tauchen

Centro de Buceo Felix ⇢ S. 55, östl. c 3
Neben den Tauchschulen im Robinson Club, dem Club Aldiana und dem Club Aquamarin behauptet sich erfolgreich die Tauchschule Felix. Für einen Tauchgang sind ca. 25 € zu zahlen, Gruppen erhalten Rabatt. Auf Wunsch kostenloses Schnuppertauchen.
Solana Matorral, Jandía; Tel./Fax 9 28-54 14 18

Taxi ⇢ S. 55, b 3
Calle San Juan 3; Tel. 9 28-54 12 57

Sehenswerte Orte

Abgelegene Fischerorte, stille Dörfer im Inselinneren, aber auch das quirlige Puerto del Rosario.

Wenn im Fischerdorf Ajuy die Tagesausflügler abgefahren sind, wird der Fang eingeholt. In den Wintermonaten ist die Brandung hier oft so stark, dass die Boote nicht auslaufen können.

Ajuy

→ S. 118, B 6

Der Fischerort an der rauen Westküste ist von Pájara über eine 10 km lange Stichstraße erreichbar. Hier landeten 1402 die Truppen Jean de Béthencourts, um die Eroberung der Insel in Angriff zu nehmen. Später wurde ein kleiner Hafen angelegt, den die Bewohner so manches Mal gegen Piratenübergriffe verteidigen mussten. Heute gibt es ihn nicht mehr. Einfache Häuser säumen die schwarzsandige Bucht, bunte Boote liegen in der Sonne.

Friedlich wirkt die Kulisse und ruhig das Meer. Dennoch sollte man aufs Baden verzichten: Der tückische Sog zog schon viele gute Schwimmer aufs Meer hinaus – nicht umsonst trägt der Strand den Namen Playa de los Muertos (»Strand der Toten«). Eine Pinte, in der man mit Blick auf die Wellenstaffeln deftig essen kann, ist der »Goldkäfig« (Jaula de oro).

Kein Besuch ohne einen Küstenspaziergang: Vom Nordende der Bucht führt ein Treppenweg zur Abbruchkante hinauf, wo er sich als breiter 3 Klippenweg fortsetzt. Im weichen, gleißend hellen Gestein erkennt man fossile Korallen und Schneckenhäuser. Ausgewaschen vom Meer wurden auch die Höhlen von Caleta Negra, zu denen man bei ruhiger See hinabsteigen kann. Folgt man dem Klippenweg weiter, passiert man Kalköfen und Ruinen früherer Hafenanlagen.

Sehenswertes

Barranco de la Madre del Agua

Wem der Sinn nach etwas Grünem steht, fährt knapp 2 km landeinwärts in Richtung Pájara. Auf einem breiten Weg steigt man links ins Flussbett hinab, folgt diesem ca. 500 m aufwärts, bis sich zur Linken eine hübsche Schlucht öffnet: Der Barranco de la Madre del Agua ist mit Palmen und Schilf bewachsen. Nach regenreichem Winter fließt hier ein Bach.

Wrack der »American Star«

→ S. 118, A 6

Zu den Attraktionen der Westküste zählt ein gigantisches Schiffswrack, nur 80 m vom Strand entfernt. Zur Geschichte des Schiffs: Im Zweiten Weltkrieg durfte es Truppen transportieren, in den Fünfziger- und Sechziger-Jahren kurvte es als Luxusliner über sämtliche Weltmeere. Oft hat es seinen Namen gewechselt, zuletzt hieß es »American Star«.

In der Unglücksnacht des 18. Januar 1994 tobte ein heftiger Sturm; baumhoch türmten sich die Wellen. Das Schiff war zu diesem Zeitpunkt längst kein »Star« mehr, sondern ein ausgemusterter Frachter, der zum Verschrotten nach Asien geschleppt wurde. Das Schleppseil riss – und während der Schlepper auf Nimmerwiedersehen verschwand, lief die »American Star« unmittelbar vor Fuerteventuras Küste auf Grund. Heute präsentiert sie sich dem Betrachter mit auseinandergebrochenem Rumpf, rostig, morsch und behaftet mit dem Odem des Todes. Schon sieben Menschen wurden bei dem Versuch, zum Wrack hinüberzuschwimmen, aufgrund der starken Unterströmung getötet.

Einer, der davonkam, war Ibrahim: Mit den Bullaugen, Messinglampen und Relingteilen, die er »barg«, richtete er in der Hauptstadt eine Bar ein (→ Puerto del Rosario, Naufragio, S. 77).

Anfahrt: Von der FV-606 (Pájara-Pared) bei Km. 3 in die Piste einbiegen, an der Kreuzung nach 3,7 km links halten und weitere 3,3 km längs der Küste bis zum Sandstrand vor dem Wrack. Die Fahrt über Holperpiste ist anstrengend.

Antigua

→ S. 119, D 5

3000 Einwohner

Das stille Dorf am Schnittpunkt wichtiger Straßen markiert fast genau die Inselmitte. Wie der Name andeutet, ist Antigua einer der ältesten Orte Fuerteventuras. Schon im 15. Jh. ließen sich andalusische Siedler hier nieder. In der weiten, fruchtbaren Ebene wurde vor allem Getreide angebaut, zahlreiche Mühlen erinnern noch heute daran. Dank seiner landwirtschaftlichen Bedeutung stieg Antigua damals kurzzeitig zur **Inselhauptstadt** auf (1834/1835).

Mittelpunkt des Ortes ist die schmucke, von Palmen umrahmte Kirche aus dem Jahr 1785. In ihrem Schatten öffnet die **Bar Plaza**, ein uriger Treff der einheimischen Männerwelt.

Hotels/andere Unterkünfte

Finca Era de la Corte

Ideal für Urlauber, die eine attraktive Alternative zum Trubel in den Küstenorten suchen. Das restaurierte, festungsartige Landhaus aus dem 19. Jh. liegt 1 km südöstlich des Ortszentrums. Es bietet rustikale, mit antiken Möbeln eingerichtete Zimmer, einen Innenhof mit Leseraum sowie einen Garten mit zwei kleinen Pools. Das kräftige Frühstück wird auf der überdachten Außenterrasse eingenommen, das Dinner im stilvollen Esszimmer.

La Corte 1; Tel. 9 28-87 87 05, Fax 9 28-87 87 10; www.eradelacorte.com; 11 Zimmer ●● EURO VISA

Sehenswertes

Molino de Antigua

Eine prachtvolle Mühle wurde zum Mittelpunkt eines Freilichtmuseums. Die alten Bauernhäuser ringsum beherbergen einen Kunsthandwerkladen sowie eine Ethno- und Archäologieausstellung, die Filme werden allerdings leider nur auf Spanisch gezeigt. Das kreisrunde, einem Getreidespeicher nachempfundene Gebäude aus Lavastein wurde in ein Restaurant verwandelt, das passable kanarische Küche serviert.

Carretera a Puerto del Rosario; Di–Sa 9.30–17.30 Uhr; Eintritt 1,80 €

Betancuria

S. 118, C 5

600 Einwohner

Der schönste Ort Fuerteventuras verdankt seinen Namen dem Konquistador Béthencourt, der 1405 den Grundstein zur ersten Inselhauptstadt legte. Der Boden war fruchtbar und dank seiner küstenfernen Lage vor Piratenangriffen relativ sicher. Erst 1834 büßte Betancuria den Hauptstadtrang ein, das wirtschaftliche Zentrum der Insel hatte sich verlagert. 4

Der Schriftsteller Miguel de Unamuno erlebte den Ort 1924 als »... eine weiß getünchte Grabstätte nach einem vollendeten Leben«. Noch heute beschleicht den Besucher das Gefühl, in dem 600-Seelen-Dorf sei die Zeit lange schon stehen geblieben. Kopfsteingepflasterte Gassen führen zur **Kathedrale** hinauf, die von etwas verblichenen, doch ehrwürdigen Herrenhäusern gesäumt

MERIAN-Tipp

7 Zeitreise in der Casa Santa María

Auch Museumsmuffel könnten an Santa María Gefallen finden: In einem liebevoll restaurierten Herrenhaus findet man nicht nur Bodega und Restaurant, sondern auch Werkstätten, in denen auf traditionelle Art gewebt und gestickt, getöpfert und geschnitzt wird. Wer sich auf eine Reise durch die Natur und Geschichte Fuerteventuras entführen lassen will, besucht die 20-minütige Multivisionsshow (halbstündlich 11–15.30 Uhr). Ein reich bestückter Laden bietet außer Kunsthandwerk auch Kulinarisches.

Tgl. außer So 11–15.30 Uhr; Eintritt 5 € inkl. Käseprobe (Kinder bis 10 Jahre die Hälfte); erkundigen Sie sich nach Residentenrabatt! S. 118, C 5

Der Dorfkern von Betancuria steht seit über zehn Jahren unter Denkmalschutz.

ist. Tagsüber lockt Betancuria zahlreiche Tagesausflügler an, doch schon am frühen Abend ist das Dorf menschenleer. Wenn es nach dem Willen des Bürgermeisters geht, soll sich dies jedoch dank der Förderung von »Turismo Rural« bald ändern.

Sehenswertes

Catedral de Santa María

Die festungsartige Kathedrale der heiligen Maria hat eine interessante Geschichte: Kurz nach der **Conquista** errichtet, wurden in ihr die zwangschristianisierten Inselkönige getauft. 1424 wurde die Kirche von Papst Martin IV. zur ersten kanarischen Kathedrale erkoren, 1593 von Gefolgsleuten des Piraten Arráez zerstört. Nach dem Wiederaufbau im 17. Jh. erhielt der dreischiffige Bau einen barocken Hauptaltar mit ausdrucksstarker Christusfigur.

So geschl.

Convento Franciscano de San Buenaventura

Monumentale Ruinen am nördlichen Ortsausgang zeugen noch heute von der gotischen Kirche aus dem 15. Jh. Sieben Missionare sollen das Baumaterial auf ihren Schultern zusammengetragen haben, um die erste Klosterkirche des spanischen Kolonialreichs zu errichten. Nach der Auflösung des Ordens 1837 ist die Kirche verfallen. Erhalten blieb nur eine kleine Wallfahrtskapelle zu Ehren San Diegos.

Museen

Museo de Arte Sacro

In einem herrschaftlichen Haus aus dem 18. Jh. werden Gemälde, Skulpturen und Weihrauchgefäße ausgestellt, dazu alle Kirchen und Kapellen der Insel auf alten Fotos. 2006/07 bleibt das Museum wegen Restaurierung geschlossen.

Museo de Betancuria

Das Stadtmuseum, in einem historischer Adelspalast untergebracht, präsentiert eine Sammlung prähispanischer Keramikfunde. Interessantestes Ausstellungsstück ist das Skelett einer altkanarischen Frau aus dem 14. Jh.

Calle Roberto Roldán 12; Di–Sa 10–17, So 11–14 Uhr

Malerische Ruinen: das Convento Franciscano (→ S. 63) am Ortsrand von Betancuria.

ESSEN UND TRINKEN

La Era de Casillas
Inselbekanntes Ausflugslokal an der Durchgangsstraße: Fleisch und Käse stammen vom familieneigenen Hof, die Rezepte verdanken sich langer Gastro-Tradition. Lecker schmecken überbackener Räucherlachs auf Avocado (»delicias del salmón«), danach eine Lammkeule aus dem Ofen oder ein Filetsteak, das so groß ist, dass davon locker zwei Personen satt werden. In dem etwas zu groß geratenen Saal herrscht gute Stimmung zur kanarischen Essenszeit nach 14 bzw. 21 Uhr.
Ctra. FV-20, Km. 10.8; Tel. 9 28-53 82 34; tgl. 13–16.30 und 20–23.30 Uhr ●● CREDIT

Santa María
In der dunklen Bar baumeln Schinkenkeulen von der Decke, in der Bodega gibt es zu ausgefallenen Tapas Wein vom Fass und danach einen Obstschnaps. Wer »richtig« speisen will, geht ins Restaurant nebenan, wo spanisch-kanarische Küche serviert wird.

Spezialität des Hauses ist »cabrito lechal«, Lamm, das nur mit Milch gefüttert wurde. Bei schönem Wetter sitzt man auf der Terrasse.
Casa Santa María; Tel. 9 28 87 82 82; tgl. 11–18 Uhr ●● MASTER VISA

EINKAUFEN

Centro de Artesanía del Cabildo Insular
Spitzendecken, Web- und Flechtarbeiten von Frauen aus Betancuria.
Calle Roberto Roldán s/n; Di–Fr 10–13 und 15–17, Sa 11–14 Uhr

Casillas del Ángel

→ S. 117, D 4

Der Wallfahrtsort liegt an der Straße nach Antigua, 11 km westlich von Puerto del Rosario. Hübsch ist die **Dorfkirche** (1781) mit einem Glockengiebel aus schwarzem Lavagestein inmitten eines verträumten, weitläufigen Platzes.

Wollen Sie einen Blick in das Innere der Kirche werfen, so kommen Sie am besten während der abendlichen Messe vorbei: Die Decke im Mudejar-Stil, der barocke Altar und die Gemälde mit einer Vision des Jüngsten Gerichts lohnen einen Besuch.

HOTELS/ANDERE UNTERKÜNFTE

→ MERIAN-Tipp, S. 15

Cofete

→ S. 120, B 12

Der geheimnisumwitterte Weiler im Südwesten der Insel ist von Jandía/ Morro Jable aus gut erreichbar (→ S. 53). Eine Hand voll Häuser und eine kleine Bar im Schatten steiler, von Erosionsrinnen zerfurchter Bergflanken, davor unberührte, kilometerlange Sandstrände – das ist die Ortschaft Cofete. Weithin sichtbar ist eine festungsähnliche Villa, die mitten im Krieg vom deutschen Militäringenieur Gustav Winter erbaut wurde (→ MERIAN-Spezial, S. 90).

Nach Cofete kann man auch über die Berge wandern. Knapp 5 km hinter Morro, am Barranco Gran Valle, klettert man – vorbei an Viehställen und Hirtenhütten – in das Massiv hinein. Vom Pass Degollada de Cofete aus hat man einen herrlichen Rundblick über die endlos scheinenden Strände und die klippenreiche Küste daneben. Unter sich sehen Sie die Villa Winter und linker Hand das »Dorf« Cofete, in dem einige Aussteiger leben. Achtung: Der Abstieg ist beschwerlich – und festes Schuhwerk unbedingt nötig! Nach rund zwei Stunden Wanderung erreichen Sie dann den weiten Strand mit seinem goldgelben Sand und dem türkisblauen Meer. Das Baden in dem klaren und warmen Wasser ist wegen der dort herrschenden starken Unterströmung allerdings gefährlich.

El Cotillo

S. 116, C 2

Das alte Fischerdorf im rauen Nordwesten ist ein beliebter Treffpunkt von Travellern. Statt bunt gekleideter, ewig lächelnder Animateure sieht man schweigsame Fischer, die ihre Netze flicken, und herumstreunende Hunde. Ein paar Jugendliche sind mit nichts anderem beschäftigt, als gemächlich den Tag zu verträumen.

Hübsch ist der alte Hafen, auf einer Felswand steht in großen, bunten Lettern: »Viva la Virgen del Buen Viaje« (Es lebe die Jungfrau der Guten Reise), eine unübersehbare Huldigung an die Schutzpatronin der Seeleute. Etwas weiter südlich liegt der neue Hafen, vor der Gewalt des Atlantiks ist er durch eine große Betonmole geschützt. Gegenüber steht der im 18. Jahrhundert aus dunklem Lavastein erbaute Wehrturm Castillo de Rico Roque. Ein halbes Dutzend Lokale sind an der Promenade aufgereiht – hier schmeckt der frische Fisch!

Die Küste um El Cotillo ist wunderbar wild. Südlich der Festung Castillo de Rico Roque sind die Surf-Profis aktiv. Vor dem Baden allerdings ist zu warnen – schon manch geübten Schwimmer zog die Strömung aufs offene Meer!

Auf die **Playa del Castillo** folgt die **Playa del Aljibe de la Cueva**, beides breite, schattenlose Strände am Fuße der Steilküste. Der Norden ist zum Baden besser geeignet. Über

Ein Ausflugsziel für Menschen, die einsame Badestrände schätzen: Playa de Cofete.

Zeuge der Geschichte: Der wuchtige Rundturm Castillo de Rico Roque datiert aus El Cotillos Zeit als Handelshafen.

vierspurige, bereits planierte Pisten kommt man zu den **Playas de los Lagos**, durch Lavafelsen voneinander getrennte weiße Strände mit herrlich türkisfarbenem Wasser und angrenzenden Plantsch-Lagunen. Sie enden an den Leuchttürmen des Nordwestkaps: Der höhere, vollautomatische Leuchtturm weist Schiffen den Weg, der niedrigere, ältere Turm wird in ein Museum der Schifffahrt verwandelt.

HOTELS/ANDERE UNTERKÜNFTE

Cotillo Beach

2005 eröffnetes Großhotel im nördlichen Ortsteil, nahe den Lagunenstränden. Nur ein Teil der Zimmer hat Meerblick.

Av. de los Lagos s/n; 128 Zimmer ●●●

Cotillo Lagos

Ruhige Apartmentanlage an einem hellsandigen Strand nördlich von El Cotillo. Alle Apartments verfügen über Küche, Bad und Balkon, teilweise mit Meeresblick.

Urbanización Los Lagos; Tel. und Fax 9 28-17 53 89; www.cotillolagos.com; 61 Apartments ●● MASTER VISA

Cotillo Sunset

Gepflegte, kleine und in Ockertönen gehaltene Anlage unmittelbar am Lagunenstrand. Die Apartments gruppieren sich um einen Hof mit Pool und Jacuzzi, Meerblick hat man nur in der (etwas teureren) ersten Reihe (Nr. 1–18).

Av. de los Lagos s/n; Tel./Fax 9 28-17 50 63; www.cotillosunset.com; 33 Studios ●●/●●● MASTER VISA

La Gaviota

Haus auf einer Klippe oberhalb des Fischerhafens unter der Leitung des Deutschen Ralf Filutowicz. Alle Apartments haben Balkon bzw. Terrasse und fast alle Blick auf die Bucht.

Calle Juan de Betancor 14; Tel. 9 28-53 85 67; 7 Apartments ●●

Juan Benítez

Geräumige Apartments, teilweise mit Terrasse und Meeresblick. Zum weißen Sandstrand läuft man ca. zehn Minuten, bei zu starkem Wind schwimmt man im hauseigenen Pool.

La Caleta 10; Tel. und Fax 9 28-53 85 03; 9 Apartments ●●

Mariquita Hierro

Hotel mit freundlichem Ambiente, nur wenige Gehminuten vom alten Hafen entfernt und inzwischen auch bei Wandergruppen beliebt. Die Zimmer sind sauber und gepflegt, verfügen außerdem über einen Kühlschrank. Auf dem Dach befindet sich ein Mini-Pool mit Sonnenterrasse. Gutes Preis-Leistungs-Verhältnis!

Calle María Hierro 3; Tel. 9 28-53 85 98, Fax 9 28-53 86 58; 18 Zimmer ●●

SEHENSWERTES

Castillo de Rico Roque

Man mag kaum glauben, dass El Cotillo einmal Fuerteventuras wichtigster Hafen war. Ein gefährliches Riff versperrte Piraten den Weg, nur ortskundige Seeleute fanden sicher in die Bucht.

Zusätzlichen Schutz brachte das 1743 erbaute Castillo de Rico Roque, ein mit zwei Kanonen bestückter Festungsturm, heute eine Info-Stelle mit Ausstellungsraum. Noch heute sieht man vor ihm die Ruinen dreier Öfen, in denen Kalk für den Export gebrannt wurde. Um die Mitte des 19. Jh. verlor der Hafen an Bedeutung, fast der gesamte Handel wurde über Puerto Cabras, das heutige Puerto del Rosario, abgewickelt.

ESSEN UND TRINKEN

Azzurro

Nach einem Strandtag genießt man den Sonnenuntergang beim Italiener: knackige Calamares, zarter Seehecht in Zitronensauce und Spaghetti mit Meeresfrüchten (»all scoglio«).

Los Lagos; Tel. 9 28-17 53 60;
Di–So 12.30–22.30 Uhr ●●

Capitana

Dank seiner schönen Terrasse ist das Lokal am alten Hafen stets gut besucht. Drinnen sitzt man gleichfalls sehr gepflegt und genießt frischen Fisch. Wer Überbackenes mag, greift zu »entremeses variados«: ein Potpourri aus panierten Meeresfrüchten, Käse und Gemüse.

Muelle de los Pescadores 40;
Tel. 9 28-53 87 31; tgl. ab 12 Uhr ●●

Playa

Lokal an der alten Hafenbucht mit Tischen direkt am Meer. Als Vorspeise könnten Sie überbackene Paprikaschoten mit Sardellen wählen, anschließend ein üppiges Fischgericht. Fragen Sie auch nach dem »menú del día«, dem preiswerten Tagesmenü.

Requena 5; Tel. 9 28-53 85 20 ●●

Giniginámar

S. 118, C 8

Abgeschiedenes Fischernest an einem schwarzen Kiesstrand, 20 km östlich der Costa Calma. Erst vor wenigen Jahren kam es in den Genuss von Elektrizität und Kanalisation, auf eine Verkehrsanbindung warten die Bewohner noch heute. Österreicher haben die Romantik dieses Winkels entdeckt und eine kleine Feriensiedlung errichtet.

Gran Tarajal

S. 119, D 8

8000 Einwohner

Die zweitgrößte Stadt der Insel liegt, 30 km nordöstlich der Costa Calma, windgeschützt in einer Bucht. Tarajal heißt übersetzt »Tamariske«, grüne Haine beleben die kahle, ockerfarbene Landschaft. Gran Tarajal ist nicht umwerfend schön, doch – trotz seiner Strandpromenade, an der die Bar Playa lockt – vom Tourismus nur wenig berührt: Hier kann man kana-

MERIAN-Tipp

8 Szenetreff Los Cabezones

Schon zur Frühstückszeit bestens gefüllt ist dieses mit Holzmöbeln gemütlich eingerichtete Café im Individualisten-Ferienort El Cotillo. Es gibt Croissants, belegte Vollkornbrötchen und Baguettes, sehr gute Schwarzwälder Kirsch- und Marzipantorte, Apfel- und Käsekuchen. Alles hausgemacht, und das erfreulicherweise auch noch ohne Konservierungsmittel und Farbstoffe. Sollten Sie während Ihres Urlaubs ein Geburtstagskind zu feiern haben, können Sie hier die passende Torte ordern (rechtzeitig telefonisch vorbestellen!).

Calle Santo Tomás s/n, El Cotillo;
Tel. 9 28-53 86 68; Mo geschl. ●

S. 116, C 2

Zu den Besonderheiten von Gran Tarajal, dem wirtschaftlichen Zentrum des Inselsüdens, gehört der Palmenhain am Ortseingang.

rische Normalität schnuppern und in den vielen Supermärkten einkaufen. In der Calle Juan Carlos I verkauft ein Metzger deutsche Fleischwaren.

Am Kirchplatz wird man von einem Springbrunnen begrüßt, Palmen und Lorbeerbäume bilden eine schattige Oase. Ein paar Schritte weiter kommt man zur Promenade, die sich entlang einer schwarzsandigen Bucht hinzieht. An der Hafenmole werden Tomaten auf Frachtschiffe verladen; die Landwirtschaft ist noch immer die wichtigste Einnahmequelle der Region.

Sehenswertes

Atelier La Fuentita

Kunstfreunde unternehmen gerne einen Ausflug zum Atelier La Fuentita, 3 km nordwestlich Gran Tarajals an der Straße nach Jandía. Seit zwei Jahrzehnten arbeitet hier der argentinische Künstler Alejandro Andreoni und stellt seine Werke in einem lichtdurchfluteten Raum aus. Einziges Thema ist Fuerteventura, das er realistisch, nie kitschig darstellt: endlose Sandstrände, die sich in Licht auflösen, Vulkanberge in kräftigen Farben, von Felsen eingefasste Tümpel, die an abstrakte Kunst erinnern.

Cruce de Gran Tarajal; Fuentita 5; Tel. und Fax 9 28-16 23 78; nur Mo geöffnet

Einkaufen

Carnicería 7 Islas

Deutsche Metzgerei mit Imbissstube. Angeboten werden Wurst aus eigener Herstellung, Sauerbraten, Kassler und andere deutsche Spezialitäten. Gleich nach der Guardia Civil geht es die erste Straße rechts hinauf.

Mo–Fr 8–17, Sa 8–14 Uhr

Lajares

→ S. 117, D 2

Im Ort auf halbem Weg zwischen Corralejo und El Cotillo haben sich ausländische Residenten unterschiedlicher Couleur niedergelassen.

So erklärt sich, dass es hier – fernab vom Meer – eine gute Gastronomie-Szene gibt und sogar einmal im Jahr ein internationales Jazzfestival stattfindet. Doch auch die Tradition wird hochgehalten: Bei Artesanía Lajares an der Durchgangstraße verkaufen Frauen bestickte Tücher und Decken, die sie selbst angefertigt haben. Neben der Kapelle **San Antonio** im Süden des Ortes wurden zwei Mühlen restauriert. Bis in die 1970er-Jahre hat man in ihnen Getreide zwecks Herstellung von »gofio« gemahlen. Dies alles ist nun Vergangenheit, auch in Lajares kann und will man von der Landwirtschaft nicht mehr leben.

SEHENSWERTES

Calderón Hondo

Wer gerne wandert, folgt am Fußballfeld in der Ortsmitte der nordwärts führenden Straße 1 km und biegt gegenüber der ehemaligen Kamelstation rechts in einen von der Inselregierung angelegten, mit Steinmauern markierten Weg ein.

Etwa eine Stunde benötigt man, um den 227 m hohen Calderón Hondo zu besteigen. Vom Kraterrand bietet sich ein einmaliger Blick über die Lavaebenen und das Meer bis Lanzarote. Im Sommer feiern junge Canarios hier ihre Rave-Parties.

ESSEN UND TRINKEN

Mirando al Sur

Für Freunde großer Fleischportionen: argentinischer Grill, in dem Steaks, Koteletts und Filets über Holzkohle (»parrilla«), am Wochenende auch am offenen Feuer (»asador«) gegrillt werden. Dazu passt Rucola-Salat mit Knoblauch und süffiger argentinischer Rotwein (vorzüglich: Don Valentín). Besonders gut schmeckt das Tiramisù.

González del Hierro s/n (an der Durchgangsstraße); Tel. 9 28-53 62 87; tgl. außer Di 13–23 Uhr ●●

La Lajita

→ S. 118, B 8

Das Küstendorf mit seinem schwarzen Kiesstrand liegt 8 km östlich der Costa Calma. Sein Zoo ist ein beliebtes Ziel organisierter Touren. Außer Fischern leben hier Hotelangestellte von der Halbinsel Jandía.

SEHENSWERTES

Oasis Parque

In einer subtropischen Oase gibt es einen See mit Vögeln, Flamingos und Arras, ein Schimpansen- und Affenhaus sowie ein Krokodilgehege. Mehrmals täglich werden Papageien- und Reptilienshows gezeigt; wer Lust hat, kann sich einer »Camel Safari« anschließen, die auf eine aussichtsreiche Anhöhe und anschließend zu einer Bucht führt.

Ctra. FV-2, Km. 57.4; tgl. 9–18 Uhr; der Eintritt in den Zoo kostet 12 €, der Dromedarritt 7,50 €, 3- bis 11-jährige Kinder zahlen die Hälfte

Parque Botánico

1 km südlich der »Oase« wachsen Kaktusarten aus aller Welt – über 2000 verschiedene Arten sollen es sein: haushohe Säulen, bizarre Zackengebilde und dem Boden aufgesetzte »Schwiegermutterkissen«. Am Rand des botanischen Gartens befindet sich ein künstlicher See, nahebei wird mehrmals wöchentlich eine »Raubvogelshow« gegeben.

Jardín Botánico, Ctra. FV-2 Km. 58.5; tgl. 9–18 Uhr; Eintritt 5 €, 3- bis 11-jährige Kinder die Hälfte

Wie wär's mit einer flotten Schaukelpartie auf dem Wüstenschiff? Die Dromedarstation von La Lajita ist ein beliebtes Ausflugsziel für Familien mit Kindern.

Llanos de la Concepción

S. 119, D 5

Das Dorf liegt an der Windmühlenroute, 8 km nördlich von Betancuria. Auf einer Stichstraße gelangt man in wenigen Minuten zur **Playa del Valle** an der Westküste. Dort entstand 1980, hoch über schroffen Klippen, ein kleiner Ferienclub aus weiß getünchten, kubenförmigen Häusern – mittlerweile ist das Haus allerdings geschlossen.

Mirador Morro Velosa

S. 118, C 5

Der atemberaubende Aussichtspunkt mit Café-Restaurant liegt 3 km nördlich von Betancuria. Auf dem Gipfelplateau des 645 m hohen **Montaña Tegú** wurde nach Entwürfen des legendären, vor allem auf Lanzarote tätigen Architekten César Manrique ein festungsartiger Bau geschaffen, von dem man den halben Archipel überblickt.

5

Wie eine ausgebreitete Landkarte liegt Ihnen Fuerteventura zu Füßen – von den weich gewellten Bergen des Betancuria-Massivs im Westen über die weiten Täler von Santa Inés bis zu den schmalen Cuchillos-Flanken im Osten haben Sie alles im Blick. Bei gutem Wetter reicht die Sicht sogar bis zu den Inseln Lanzarote, Gran Canaria und Teneriffa, die wie kleine Felsbrocken im Atlantik schwimmen.

Leider ist der Mirador oft geschlossen. Deshalb sollte man sich vor einem Besuch telefonisch nach den Öffnungszeiten erkundigen.

Essen und Trinken

Mirador Morro Velosa

Es gibt wohl keinen schöneren Ort, um einen Kaffee oder ein Glas Wein zu trinken, als im zum Aussichtspunkt gehörenden Restaurant.

Carretera de Betancuria s/n; Tel. und Fax 9 28-17 45 64; tgl. 10–18 Uhr ●●

La Oliva

S. 117, D 3

Das Gemeindestädtchen am Fuße eines Vulkankegels liegt 17 km südwestlich von Corralejo. Seinen Namen verdankt es Olivenhainen, die früher die Ebene ringsum bedeckten. Einige wenige herrschaftliche Gebäude künden von der glanzvollen Zeit, als La Oliva Sitz der Militärobersten (1708–1859) und Inselhauptstadt (1834–1860) war.

Mittelpunkt des Ortes ist die wuchtige, nur zur Messe geöffnete Pfarrkirche **Nuestra Señora de Candelaria** mit kalkweißer Fassade und schwarzem Glockenturm aus Lavastein. Nahebei steht das Pfarrhaus Casa del Capellán, dessen Türen und Fenster mit aztekisch anmutenden Steinmetzarbeiten geschmückt sind. Wichtigster Profanbau der Insel ist die **Casa de los Coroneles**: ein großer Feudalpalast mit über hundert Fenstern, in dem einst der allmächtige Militäroberst residierte. Zinnenbewehrte Ecktürme und Holzbalkone verleihen dem Haus ein festungsähnliches Aussehen, Insignien des Béthencourt-Clans schmücken das Wappen über dem Portal. Immer wieder wird Fuerteventuras wichtigster historischer Bau renoviert, um anschließend zu verfallen. Unverständlich bleibt, warum er auf der mit Sehenswürdigkeiten nicht gerade gesegneten Insel nicht schon längst der Öffentlichkeit zugänglich gemacht worden ist.

Museen

Casa Mané

Besuchen sollte man die Casa Mané nahe dem Freibad, ein schmuckes Herrenhaus mit maurischen Anklängen. Bewohner kennen es auch unter dem Namen **Centro de Arte Canario** – die hier gezeigten Wechselausstellungen kanarischer Künstler gehören zum Besten, was die Insel kulturell zu bieten hat. An die Galerie ist ein Skulpturengarten angeschlos- 6

Die Casa Mané in La Oliva ist ein Forum für moderne Kunst auf Fuerteventura. Im Bild der an die Galerie angeschlossene Skulpturenpark.

sen, es gibt eine kleine Kunstbuchhandlung und ein Café.
Calle Salvador Manrique de Lara s/n (zwischen Kirche und Casa de los Coroneles); Mo–Sa 10.30–14 Uhr, manchmal auch länger; Eintritt 4 €

Museo del Grano

In der **Casa de la Cilla** lebte der Steuereintreiber, im Nebengebäude wurde das Getreide gelagert, das die Pächter ihrem Grundherren zu entrichten hatten. Heute wird man in dem Haus anhand alter Geräte mit traditionellen Anbaumethoden vertraut gemacht.
Carretera a El Cotillo; Di–Fr und So 9.30–17.30 Uhr

Essen und Trinken

Malpey

Lokal an der Straße nach El Cotillo mit frischem Fisch, Ziegen- und Zickleinfleisch.
Calle de la Orilla 67; Tel. 9 28 86 80 60; Mo geschl. ●●

Pájara

→ S. 118, C 6

Das afrikanisch anmutende Pájara, inmitten nackter Gebirgslandschaft, ist ein Ort, in dem Hunde durch die Gassen streunen und alte Männer den Tag verträumen. Dennoch ist Pájara die »Hauptstadt« der größten und reichsten Inselgemeinde. Doch nur am Umgang mit dem kostbaren Wasser ist ablesbar, dass das Geld im Rathaus locker sitzt: Auf der Plaza wachsen üppige Lorbeerbäume, aus deren Kronen hundertfaches Vogelgezwitscher ertönt. Nahebei sind Grünanlagen mit Palmen und Bougainvillea zu finden.

Hotel/Essen und Trinken

Casa Isaítas

Das Natursteinhaus im Dorfzentrum erinnert ein wenig an ein Kloster: Ein Gebäudeflügel mit vier asketischen Zimmern umspannt einen begrünten Innenhof, in dem gefrühstückt wird. Ein knarrendes Tor öffnet den Weg zum zweiten Hof, in dem sich das rustikale Restaurant befindet. Bekannt ist es für seine spanische Hausmannskost mit vielen Zutaten aus Öko-Anbau, dazu bester Ziegenkäse, frischer Fisch und Fleisch.

Guize 7; Tel. 9 28-16 14 02, Fax 9 28-16 14 82; www.casaisaitas.com ●●●

Sehenswertes

Nuestra Señora de la Regla

Die zweischiffige Pfarrkirche wurde im späten 17. Jh. erbaut und gibt dem Besucher manches Rätsel auf: Warum ist sie mit aztekischen Ornamenten geschmückt und nach der Schutzpatronin Havannas benannt? Am Hauptportal sieht man in Stein gemeißelte Schlangen und Indiogesichter, die so gar nicht in die christliche Bilderwelt passen und die These nahelegen, die Künstler müssten zurückgekehrte Emigranten gewesen sein. Das Innere der Kirche ist in mystisches Dunkel getaucht, doch zwei kleine Fenster sind so geschickt angebracht, dass das durch sie einfallende Licht die beiden prachtvollen Barockaltäre aufscheinen lässt.

La Pared

⟶ S. 118, A 8

Der **Istmo de la Pared** (»Landenge der Mauer«) bezeichnet die schmalste Stelle der Insel. In vorspanischer Zeit soll hier eine gewaltige Mauer das nördliche und das südliche Guanchenreich getrennt haben. Zwar sind unscheinbare Reste von ihr erhalten, für die Legende gibt es jedoch keinen Beweis.

Die gleichnamige Feriensiedlung wurde an der wildromantischen Westküste, nur wenige Kilometer vom 5 km breiten Isthmus entfernt, angelegt. Planierte Pisten durchschneiden die Landschaft, die Grundstücke sind bereits parzelliert (»Kaufen Sie sich ein Stück vom Paradies!«) – allein an Investoren scheint's zu fehlen. Eine überdimensionierte Promenade mit Kugellaternen und Steinbänken führt zum Clubhotel Costa Real (z. Z. geschl.), die grellgrünen Rasenteppiche der **Golf-Akademie** wirken inmitten der braunen Landschaft etwas surreal.

Nordwärts gelangt man über eine Piste zu einer schönen Klippenbucht, südwärts liegt der helle Sandstrand **Playa del Viejo Rey**, wo man bei ruhiger See baden kann.

Essen und Trinken

Bahía La Pared

Fischrestaurant an der Küste mit Ausblick aufs Meer, am schönsten bei Sonnenuntergang. Angeschlossen sind zwei Pools.

Playa de la Pared; Tel. 54 90 30; tgl. 12–22 Uhr ●● MASTER VISA

El Camello

Zwar liegt das Lokal nicht am Meer, doch ist es das beste weit und breit: In der gemütlichen Karawanserei bereitet André anspruchsvolle Gerichte zu, Felipe serviert souverän, z. B. Avocado-Mousse mit Meeresfrüchtesalat, Fischragout in Kräuter-Crêpes oder Rotbarschfilet in Orangen-Ingwer-Sauce. Auch die preiswerten Tapas sind zu empfehlen.

Urb. Panorama; Tel. 9 28-54 90 90; Di–So 13–23 Uhr

Parque Holandés

⟶ S. 117, F 3

Der Ferienort, 13 km nördlich der Hauptstadt, wurde nie fertig gestellt. Großzügig konzipierte Bungalows sind eingebettet in Gartenanlagen, der »Marktplatz« mit Lokalen und Läden füllt sich aber nur selten mit Leben. Die preisgekrönte Anlage wird von Touristen allerdings eher wenig geschätzt, denn sie ist von Bauruinen umgeben, und um zum Meer zu kommen, muss man einen beschwerlichen Marsch durch trostloses Gelände auf sich nehmen.

Essen und Trinken

Don Pepe

Das Restaurant an der nördlichen Ortseinfahrt ist ein beliebter Stopp auf der Strecke von Corralejo zur Hauptstadt. Der Wirt serviert kanarische Kost, vorwiegend Fleischgerichte. Immer gibt es Spanferkel.

Carretera FV-1; Tel. 928 17 53 71; Mi geschl. ●●

Las Playitas

→ S. 119, D 8

Am Ortsausgang von Gran Tarajal (→ S. 67) führt eine gut ausgebaute Stichstraße ins knapp 4 km entfernte Las Playas, mittlerweile meist Las Playitas, das Strändchen, genannt. Tatsächlich verfügt der Ort über einen kleinen Strand mit schwarzem Sand. Die weiß getünchten Häuser des malerischen Fischerdorfs schmiegen sich terrassiert an den Hang, unter ihnen liegt eine kleine Promenade. Boote ankern in der windgeschützten Bucht, die Fischer flicken ihre Netze am Kiesstrand: ein Idyll wie aus dem Bilderbuch, dazu passend ein paar urige Lokale mit Zimmervermietung.

Doch da die Gemeinde ebenfalls ein Stück vom touristischen Kuchen abhaben will, wird nun auch in Las Playitas gebaut und investiert: In der Kiesbucht unmittelbar vor dem Ort entstanden bereits die ersten Großhotels für mehrere tausend Urlauber.

Pozo Negro

→ S. 119, F 7

Pozo Negro (»Schwarzer Brunnen«) liegt an einer dunklen, mit Kies bedeckten Bucht. Einst wurden hier Waren angelandet, die auf dem Rücken von Eseln und Dromedaren nach Betancuria gelangten. Heute leben die wenigen noch verbliebenen Bewohner von den Ausflüglern, die in den beiden Restaurants einkehren.

Der Weg zu dem abgeschiedenen Fischerdorf, 20 km südlich von Costa Caleta, führt durch eine breite Schlucht, in der vor 10 000 Jahren ein

An der Mole des hübschen Fischerdorfs Las Playitas geht es noch beschaulich zu.

gewaltiger Lavafluss mitten im Lauf erstarrte. Zwischen aufklaffenden Gesteinsspalten wächst der robuste Dornlattich, dessen Knospen sich nach kurzer Blüte in Dornen verwandeln – für den Schriftsteller Unamuno ein »Sinnbild des Lebensdurstes«. Und tatsächlich: Für die Ziegen, die zum staatlichen Versuchsgut (**Granja Experimental**) gehören – dort befasst man sich unter anderem mit der Wiederaufforstung der Karstlandschaft –, ist die Pflanze eine begehrte Nahrung.

3 km hinter der Abzweigung biegt rechts eine Piste ab, die nach 500 m an einem runden, halb in den Boden versenkten Natursteinhaus endet. Mitten in der Wildnis stehen weitere Mauern aus schwarzem Gestein, Ruinen und überdachte Wohngruben: Reste des größten altkanarischen Inseldorfes sind als Museum La Atalayita zugänglich (Mo geschl.).

Essen und Trinken

Los Caracoles

Das Restaurant ist mit zahlreichen Postkarten dekoriert; die Spezialität ist frischer Fisch. Am schönsten sitzt man auf der Terrasse und genießt den Meeresblick.

Tel. 9 28-85 11 90 ●

Puerto de la Cruz

⇢ S. 120, A 12

Der Weiler am Südwestzipfel Fuerteventuras ist nur über eine knapp 20 km lange Piste ab Morro Jable erreichbar. Bei den Einheimischen heißt er schlicht El Puertito, der »kleine Hafen«. Weiß getünchte Betonhäuser säumen die windgeschützte Bucht, auf einer 1,5 km entfernten Klippe steht ein mit Solarzellen betriebener Leuchtturm. Abends sind die Einheimischen ganz unter sich: Bei einem Gläschen Rum erzählen sie sich alte Geschichten von Piraten und Schmugglern.

MERIAN-Tipp

9 Tenderete – Bar am Ende der Welt

Der Wirt Bernardo fährt selber aufs Meer hinaus, um die Fracht einzuholen – von den nicht ungefährlichen Angeltouren künden Haifischgebisse an den Wänden der Bar. Sie heißt Tenderete, und hier gibt es, wie alle Majoreros wissen, den besten »caldo de pescado«: herzhaft gewürzten Fischeintopf mit »gofio« (Maisbrei), serviert in einem großen Topf, der beliebig oft nachgefüllt wird. Zum Nachtisch sollte man den hauseigenen Käse bestellen!

Bar Tenderete, Puerto de la Cruz;
Tel. 9 28-17 44 85 ●● ⇢ S. 120, A 12

Puerto del Rosario

⇢ S. 117, E 4

21 000 Einwohner
Stadtplan → S. 75

Kleine weiße Häuser säumen die Küste, und so zeigt sich Puerto del Rosario am schönsten vom Wasser aus gesehen. Es ist eine relativ junge Stadt, deren Ursprünge auf das Ende des 18. Jh. zurückgehen. Damals hieß der Ort schlicht Puerto Cabras (Ziegenhafen), denn es gab Süßwasserquellen, an denen die Tiere ihren Durst stillten. Schiffe legten nur an, um Wasser und Proviant an Bord zu nehmen.

Um die Mitte des 19. Jh. erlebte Puerto Cabras einen Aufschwung. Britische Kaufleute erkannten seine Bedeutung als Handelshafen, waren vor allem an der Verschiffung von Sodakraut, gebranntem Kalk und dem Farbstoff Koschenille interessiert. Das Geschäft lief so gut, dass der Ort 1860 sogar zur Inselhauptstadt aufrückte und für einige Jahre ein britisches Konsulat erhielt.

Nach dem Ersten Weltkrieg ging der britische Einfluss zurück.

Die spanische Regierung ließ in der Stadt Verwaltungsgebäude errichten; nahe dem Kirchplatz entstand ein erstes Hotel.

Unter der Militärregierung Primo de Riveras und verstärkt unter Franco wurden Garnisonen gebaut und Regimekritiker – darunter auch der Schriftsteller Miguel de Unamuno – nach Fuerteventura verbannt. Der bodenständige Ortsname passte bald nicht mehr zum Charakter der Stadt und wurde 1956 durch die blumige Bezeichnung Puerto del Rosario (»Hafen des Rosenkranzes«) ersetzt.

Im Jahr 1975 zog sich Spanien aus der Westsahara, seiner letzten afrikanischen Kolonie, zurück. Die dort stationierte **Fremdenlegion**, eine 4000 Mann starke internationale Söldnertruppe, wurde nach Puerto del Rosario verlegt. Schon bald galt die Hauptstadt als »Sündenpfuhl« der Insel. Die Kriminalitätsrate stieg rapide, Bordelle und Billig-Bars blühten. Etwa zur gleichen Zeit setzte auf Fuerteventura der touristische Aufschwung ein. Doch der schlechte Ruf des Ortes sorgte dafür, dass Reiseveranstalter einen großen Bogen um die Hauptstadt machten – stattdessen begann man, Corralejo und Jandía als Touristenorte aufzubauen.

Seit 1996 ist Puerto del Rosario frei von Söldnern. Entlang schachbrettartig angelegter Straßen wurden Betonhäuser hochgezogen. Funktionalität, nicht Schönheit bestimmte die Bauweise. Vorerst hat Puerto del Rosario Besuchern wenig zu bieten.

MERIAN-Tipp

10 Unamuno-Museum

1924 wurde der Schriftsteller und Philosoph Miguel de Unamuno nach Fuerteventura verbannt. Er hatte die Militärdiktatur Primo de Rivieras scharf kritisiert – die Öde Fuerteventuras sollte ihn zur Räson bringen. Doch es kam anders: Unamuno entdeckte den eigenartigen Reiz der Insellandschaft und widmete ihr einige seiner schönsten Sonette. Das ehemalige Hotel Fuerteventura, in dem Unamuno seine Strafe absaß, erzählt heute, u. a. in historischen Fotografien, von damals.

Casa Museo Unamuno, Calle Virgen del Rosario 11, Puerto del Rosario; Mo–Fr 9–13 und 17–19, Sa 10.30–13 Uhr → S. 75, b 1

Die Kirche, das Unamuno-Museum und das Kunstzentrum Juan Ismael kann man sich ansehen, doch einen historischen Ortskern mit romantischen Gassen und Plätzen sucht man vergebens. Immerhin lebt die Stadt nicht mehr mit dem Rücken zum Meer. Der Hafen mit einer neuen Mole für Kreuzfahrtschiffe und einer zweiten für Yachten soll das neue »Herz« der Hauptstadt werden. Schon jetzt wurden an der Uferpromenade zahlreiche Skulpturen aufgestellt, die das Thema »Meer« in verschiedenen Formen darstellen. Darunter sind Riesenmuscheln und Anker. An die vielen Kanarier, die über den Atlantik fuhren, um in Übersee ihr Glück zu suchen, erinnern zerbeulte, in Bronze gegossene Koffer. Auch sorgt die Stadtverwaltung für mehr Sauberkeit, es entstehen Grünanlagen, und auch die Nebenstraßen werden endlich bepflastert. Die Bürger erhalten Kulturhäuser und Sportanlagen, in einer Hotelfachschule werden junge Canarios auf ihre vielfältigen Aufgaben im Tourismussektor vorbereitet.

HOTELS/ANDERE UNTERKÜNFTE

Fuerteventura Playa Blanca → S. 75, südl. a 3

Hotel in traditionell-kanarischem Stil direkt neben der Playa Blanca, dem hellen Sandstrand 4 km südlich der Hauptstadt. Der ummauerte grüne Hof erinnert an eine afrikanische Karawanserei. Die Aufenthaltsräume strahlen nostalgischen Charme aus, aufgrund der Nähe zum Flughafen kann es zuweilen laut werden.

Calle Playa Blanca 45; Tel. 9 28-85 11 50, Fax 9 28-85 11 58; 50 Zimmer ●●●

MASTER VISA

Palace Puerto Rosario → S. 75, c 1

Das neunstöckige Hotel an der Avenida Marítima bietet allen erdenklichen Komfort und ist bei Geschäftsleuten die erste Adresse vor Ort. Alle Zimmer mit Marmorbad und Satelliten-TV, je höher man wohnt, desto schöner der Blick.

Av. Ruperto González Negrín 9; Tel. 9 28-85 94 64, Fax 9 28-85 22 60, www.jmhoteles.com; 88 Zimmer ●●●

AmEx MASTER VISA

Roque Mar → S. 75, c 1

Die komfortable, vierstöckige Pension liegt neben der gleichnamigen Bar an der verkehrsreichen Uferstraße.

Av. Ruperto González Negrín 1; Tel. 9 28-85 03 59; 11 Zimmer ●

Tamasite → S. 75, b 1

Einfaches Stadthotel, beliebt bei Rucksacktouristen. Alle Zimmer sind mit Fernsehern ausgestattet. Die zur Straße gerichteten Zimmer sind laut.

Calle León y Castillo 9; Tel. 9 28-85 02 80; 18 Zimmer ●●

SEHENSWERTES

Centro de Arte Juan Ismael → S. 75, östl. c 1

Ehemaliger Kinopalast, verwandelt in ein Zentrum für moderne Kunst. Benannt ist es nach dem aus Fuerteventura stammenden, international bekannten Surrealisten Juan Ismael.

Ausgestellt werden seine Werke sowie wechselnde Ausstellungen zeitgenössischer Kunst.
Almirante Lallermand 30; Di–Sa 10–13.30 und 17–21 Uhr

Essen und Trinken

Naufragio → S. 75, b 1
»Schiffbruch« nennt sich die Bar, die mit erbeuteten Originalstücken der »American Star« (→ Ajuy, S. 61) eingerichtet ist. Ein in Gold gerahmtes Großfoto erinnert an den Ozeandampfer. Serviert werden Quiches und belegte Brötchen, leider laufen manchmal allzu laute Video-Clips.
Primero de Mayo/Ecke Jesús y María; tgl. 7–23 Uhr •

Tinguaro V → S. 75, b 1
Einheimischen- und Touristentreff nahe der zentralen Plaza de España, mit kleiner Terrasse. Hier gibt es die besten »churros« der Insel, aber auch leckere »bocadillos«, Tapas und frisch gepresste Obstsäfte.
Calle Fernández Castañeira 7; Tel. 9 28 85 10 86 •

Einkaufen

Antigua → S. 75, b 1
Schönster Laden der Hauptstadt, versteckt in einer Seitengasse: nautische Instrumente der Jahrhundertwende, geschnitzte Krippenfiguren und Masken, alles liebevoll arrangiert von Señor Loren Mateo.
El Pino 4

Mercado → S. 75, b 1–2
Für Selbstversorger bietet die Markthalle ein kleines, aber gutes Angebot. Täglich gibt es fangfrischen Fisch, am Wochenende auch Kaninchen- und Lammfleisch.
Plaza de España, So geschl.

Am Abend

Abends, wenn die Inselbewohner von ihrem Arbeitsplatz in den Touristenzentren heimkehren, erwacht die Stadt aus dem Dornröschenschlaf. Musikkneipen füllen sich erst nach 22 Uhr, Discos freitags und samstags nach Mitternacht.

Auditorio Insular → S. 75, nördl. b 1
Gastspiele spanischer Theatergruppen, manchmal auch Folklore und Zarzuela. Klassikfreunde freuen sich auf den Januar, wenn Konzerte im Rahmen des Kanarischen Musikfestivals stattfinden.
Av. 1 de Mayo/Ecke Ramiro de Maeztu; Tel. 9 28 53 21 86

Disco Templo → S. 75, a 2
Kirchenähnlicher Saal mit Säulen und Schummerlicht, von der Kanzel dirigiert der Discjockey. Am Wochenende brechend voll.
Calle Teniente Durán 16; tgl. ab 22 Uhr

La Tierra → S. 75, b 1
Gemütliche Jazzbar in der ältesten Gasse von Puerto del Rosario. Beste Stimmung herrscht Freitag- und Samstagnacht bei Livemusik.
Calle Eustaquio Gopar 3; tgl. außer So ab 22 Uhr

Service

Auskunft

Oficina de Turismo → S. 75, a 1
Hochglanzbroschüren, Insel-, Stadt- und Buspläne sowie Hinweise auf anstehende kulturelle Veranstaltungen. Es wird Deutsch gesprochen.
Almirante Lallermand 1; Tel. 9 28-53 08 44, Fax 9 28-85 16 95; www.fuerteventuraturismo.com; Mo–Fr 8–14 Uhr

Autovermietung

CICAR
Bewährte Autofirma mit einem Büro in der Ankunftshalle des Flughafens.
Aeropuerto; Reservierung Tel. 9 28-82 29 00 (englischsprachiges Personal)

Busse → S. 75, a 1
Die zentrale Bushaltestelle befindet sich an der Av. de la Constitución/

Ecke Calle León y Castillo. Gute Verbindungen gibt es zum Flughafen und nach Costa Caleta, zu allen Orten entlang der Südküste sowie nach Corralejo und El Cotillo im Norden.

Medizinische Hilfe

Apotheke → S. 75, b 1

Avenida 1 de Mayo 49; Tel. 9 28-85 13 76

Hospital General de Fuerteventura → S. 75, südl. a 3

Das Krankenhaus, auch bekannt unter dem Namen **Clínica de Pino**, liegt an der Straße zum Flughafen. Der internationale Krankenschein wird akzeptiert, einige Ärzte sprechen Deutsch bzw. Englisch.

Ctra. Puerto del Rosario–Aeropuerto (km 1); Tel. 9 28-86 20 00 (Notdienst)

Polizei

Policía Nacional → S. 75, b 1

Calle León y Castillo 17; Tel. 9 28-85 09 09

Post

Correos y Telégrafos → S. 75, b 1

Av. 1 de Mayo 58; Mo–Fr 8.30–20, Sa 9.30–13 Uhr

Schiffsverbindungen

Trasmediterránea → S. 75, b 1

Mit Trasmediterránea kommt man mehrmals wöchentlich nach Las Palmas de Gran Canaria und Santa Cruz de la Palma sowie nach Arrecife, der Hauptstadt Lanzarotes.

Calle León y Castillo 58; Tel. 9 28-85 08 77

Taxi

Avenida Marítima; Tel. 9 28-85 00 59

Las Salinas del Carmen

→ S. 119, F 6

Die schachbrettartig angelegten Salinen befinden sich 3 km südlich von Costa Caleta. Jahrhundertelang funktionierte die Salzgewinnung nach dem gleichen Prinzip: Mithilfe von Windenergie wurde einflutendes Meerwasser in die höher gelegenen Felder geleitet, wo es allmählich verdunstete. Verfestigte sich das Salz zu Kristallen, wurde es zum Trocknen zu kleinen Kegeln zusammengerecht.

Heute sind die Salinen in das **Museo de la Sal** integriert, ein »Salzmuseum« (Mo geschl.), das überragt wird vom Riesenskelett eines vor Fuerteventuras Küsten gestrandeten Wals.

Essen und Trinken

Caracolitas

Wer Lust auf Paella oder hausgemachte Fischkroketten hat, besucht das Lokal direkt am Meer. Es ist bei den Einheimischen sehr beliebt und deshalb am Wochenende oft überfüllt.

Tel. 9 28-17 42 42; Mi geschl.

Tarajalejo

→ S. 118, B 8

Tarajalejo ist ein ehemaliger Fischerort 13 km östlich der Costa Calma. Am Strand stehen noch die alten, weiß gekalkten Fischerhäuser, doch die meisten von ihnen sind inzwischen in Restaurants verwandelt worden. Neben einem der Restaurants hat sich die **Galerie D7** einen Platz gesichert: Klaus Berends stellt dort seine Werke aus (Calle Isidro Díaz 5).

Neue Feriensiedlungen erstrecken sich jenseits der küstennahen, heute gesperrten Durchgangsstraße.

Hotels/andere Unterkünfte

Tofio

Das All-Inclusive-Haus ist in die Jahre gekommen, zu empfehlen ist nur der restaurierte Flügel direkt am Meer. Die weiter landeinwärts gelegenen Apartments werden preiswert an junge Leute vermietet, die viel Sport treiben wollen: drei Pools, vier Tennis- und zwei Squash-Courts, Minigolf und eine Surfschule stehen ihnen zur Verfügung.

Playa de las Palmeras;
Tel. 9 28-16 10 01, Fax 9 28-16 10 28;
www.clubhoteltofio.com;
416 Zimmer und Apartments ●●

Essen und Trinken

La Barraca
Auf der wellenumspülten Terrasse der »Baracke« kann man gut Tapas essen.
Isidro Díaz 14; Tel. 9 28-16 10 89;
tgl. außer So 12–16 und 18–22 Uhr ●●

Service

Reiten

Centro Hípico
Wer Lust verspürt, die Gegend zu Pferde zu erkunden, wendet sich an den Reitstall mit seinen drei Dutzend spanischen Vollblütern. Die Reitschule genießt bei Pferdefreunden einen guten Ruf. Sie gehört zum Hotel Tofio, steht aber auch hotelfremden Gästen zur Verfügung.
Carretera General; Tel. 9 28-87 20 70,
Fax 9 28-16 11 82

Tefía

→ S. 116, C 4

7 Das Geisterdorf Tefía erhebt sich inmitten einer ockerfarbenen Ebene, 22 km westlich von Puerto del Rosario. Am Fuß des pyramidenförmigen **Cuchillos** (625 m) ducken sich lehmfarbene Häuser. Dahinter erkennt man eine weiße Kapelle, die San Augustín geweiht ist und 1773 erbaut wurde. Lange Zeit standen die hiesigen Mühlen still, und es wurde kein Getreide in den Speichern gelagert. Doch nun soll wieder Leben einkehren. Mit Unterstützung der EU wurden in den letzten Jahren zahlreiche Bauten restauriert. Entstanden ist ein »Ethno-Dorf« mit zahlreichen Werkstätten zur Herstellung von traditionellem Kunsthandwerk. Verkauft wird es in der Casa Señor Jacinto, wo sich auch der offizielle Eingang zum Museum befindet (**Ecomuseo de la Alcogida**, tgl. außer Mo und Sa 9.30–17.30 Uhr; Eintritt 4,50 €, Kinder bis 12 Jahren frei).

Vom südlichen Ortsrand führt eine 10 km lange Stichstraße erst durch eine weite Ebene, dann längs einer Schlucht nach **El Puerto de los Molinos**. Einigen erscheint das Fischerdorf »schmuddelig«, andere

Eine der restaurierten Mühlen von Tefía.

sind froh, dass sie hier einmal fern der Tourismusmaschinerie sind. Katen stehen an einer von Klippen eingerahmten Bucht, in einer Brackwasserlagune tummeln sich Wildgänse und -enten. Die Casa Pon bietet Meeresfrüchte und frischen Fisch, von der Terrasse blickt man auf die Brandung (tgl. 10–19 Uhr). Zuweilen mischt sich eine wilde Ziege unter die Gäste, lässt sich füttern und fotografieren.

Die bäuerliche Streusiedlung Tefía (→ S. 79) wurde von den meisten Bewohnern verlassen. Trotz umfangreicher Renovierungsmaßnahmen belebt sich das Dorf nur zögernd.

Tindaya

→ S. 116, C 3

Das große Bauerndorf 7 km südwestlich von La Oliva gilt als Siedlungsgebiet der Altkanarier. Die Bewohner machen sich rar, nur in den Bars El Encuentro und María sieht man ältere, wettergegerbte Männer, die ihre Tage beim Kartenspiel zubringen.

Sehenswertes

Montaña Quemada

1 km südlich des Dorfes Tindaya ragt die Montaña Quemada auf, ein sagenumwobener Vulkan. Er ist über eine von der Durchgangsstraße abzweigende Piste erreichbar. Der Schriftsteller Miguel de Unamuno wollte auf dem »verbrannten Berg« beerdigt werden. Mit einem schlichten, nach Francos Tod aufgestellten Monument wird er geehrt.

Montaña Tindaya → S. 117, D 3

Bedeutender als das Dorf ist der gleichnamige, knapp 400 m hohe Vulkan, von dessen Gipfel man an klaren Tagen einen schönen Blick bis nach Lanzarote genießt. Er galt den Altkanariern als heilig; noch heute ranken sich um ihn viele Legenden. Ein steiler, nicht ungefährlicher Weg führt rechts hinter dem Elektrizitätsturm an seiner Westflanke hinauf. Bei einer Wanderung auf den Tindaya sollten Sie festes Schuhwerk und reichlich Trinkwasser mitnehmen. Nahe dem Gipfelplateau entdeckte man in den Fels geritzte stilisierte Fußabdrücke aus der Zeit vor der Conquista – ähnliche Motive sind nur aus dem berberischen Nordafrika bekannt.

1996 ging ein Schrei durch die Inselpresse, als der baskische Bildhauer Eduardo Chillida seinen Plan bekannt gab, den geschützten Tindaya in ein »Monument der Leere« zu verwandeln. Im Innern des Berges soll ein 50 Kubikmeter großer Hohlraum entstehen, der durch drei schmale Schächte mit der Außenwelt verbunden ist. »Das Licht der Sonne und des Mondes vom Herzen eines zum Meer hin geneigten Berges sehen«: So lautet die künstlerische Botschaft Chillidas. Trotz starker Proteste seitens vieler Öko-Gruppen wurde der Bau 1998 bewilligt, ist allerdings bis heute nicht realisiert.

Tiscamanita

→ S. 119, D 6

Das verschlafene Bauerndorf liegt am Rand einer Lavawüste, 4 km nordöstlich von Tuineje. Am Wochenende versammeln sich die Männer in den Bars am Platz, derweil pilgern ihre Frauen in die **Ermita de San Marcos** (1699): eine typische Fuerteventura-Kirche mit schlichter, weiß getünchter Fassade und zinnenbewehrter Rundmauer. Nahebei befinden sich alte Gehöfte und Windmühlen. Ein kleines Museum, das **Centro de Interpretación de los Molinos**, gibt Auskunft über das Müllereihandwerk (Di–Fr und So 9.30–17.30 Uhr).

Tuineje

→ S 118, C 7

500 Einwohner

Inmitten weitläufiger Tomatenplantagen, 36 km nordöstlich der Costa Calma, liegt das im frühen 15. Jh. von berberischen Sklaven gegründete Dorf Tuineje. Noch heute spiegelt sich ihr Einfluss in den flachen, aus lehmfarbenem Bruchstein errichteten Häusern.

Mittelpunkt des Orts ist die Kirche **San Miguel** – ist sie verschlossen, fragen Sie bitte im gegenüberliegenden, mit Gedenktafel verzierten Haus nach dem Schlüssel. Sobald man die Kirche betritt, wird der Blick auf den Altar gelenkt: In himmelblau ausgemalten Nischen stehen naive Engel- und Heiligenfiguren. Zwei kleine, aber ausdrucksstarke Gemälde illustrieren eine Episode der Inselgeschichte, auf die die Bewohner noch heute stolz sind: Am 13. Oktober 1740 gelang es den Dörflern, eine Übermacht schwer bewaffneter englischer Korsaren in die Flucht zu schlagen. Verschanzt hinter einem Schutzschild von 50 Dromedaren rückten sie am Berg Tamacite gegen die Engländer vor und überwältigten sie mit Spitzhacken.

Valle de Santa Inés

→ S. 119, D 5

Die Streusiedlung erstreckt sich 7 km nördlich von Betancuria inmitten einer Ebene. Ihr Name erinnert an die Adelige Inés Peraza, die hier im 16. Jh. eine Kirche stiftete. Von außen eher schlicht, beeindruckt das Gotteshaus im Inneren durch einen Barockaltar.

Vallebrón

→ S. 117, D 3

Das malerische Bauerndorf 24 km nordwestlich von Puerto del Rosario hat sich dank seiner Abgeschiedenheit seinen ländlichen Reiz bewahrt. Schmale Terrassen sind in die Bergflanken geschlagen, an deren Rändern Maulbeer-, Johannisbrot- und Feigenbäume wachsen. Wasser ist im Tal reichlich vorhanden, die lehmfarbenen Häuser sind noch bewohnt.

Das rund 300 m hoch gelegene Dorf, das zu den regenreichsten der Insel zählt, ist bisher von den Sightseeing-Bussen verschont geblieben. Oberhalb des Orts steht eine im 18. Jh. erbaute **Kapelle**, die Johannes dem Täufer geweiht ist. Nachdem das Kirchlein lange in Vergessenheit geraten war, wurde es vor einigen Jahren renoviert.

Valles de Ortega

→ S. 119, D 6

Das kleine Dorf ist 22 km westlich von Costa Caleta gelegen. Viele der verstreut liegenden Höfe stehen leer, die Mühlen verfallen. Selbst die Kapelle **San Roque** (1732) könnte einen neuen Anstrich vertragen.

Vega de Río Palmas

→ S. 118, C 6

Der wichtigste Wallfahrtsort Fuerteventuras liegt in einem reizenden Tal voll wilder Palmen, macht also seinem Namen (»Aue des Palmenflusses«) alle Ehre.

Sehenswertes

Virgen de la Peña

Die Schutzheilige der Insel findet man in der gleichnamigen Kapelle am östlichen Ortsausgang. Die Konturen der 23 cm kleinen Alabasterfigur sind abgeschliffen, zu viele Hände haben sie im Lauf der Zeit berührt. Wie es heißt, gelangte die Figur vor knapp 600 Jahren im Gepäck Jean de Béthencourts auf die Insel und unterstützte ihn bei der Conquista auf wundersame Weise. Ihr zu Ehren wird im September eine große Prozession veranstaltet, die durch den Barranco zu einer Kapelle unterhalb des Stausees Las Peñitas führt (→ Feste und Events, S. 25). Die Kirche selbst beeindruckt durch ihre Renaissanceportale, eine Holzdecke im Mudejar-Stil und einen prachtvollen Goldaltar (1666).

Essen und Trinken

Casa Don Antonio

8 Im Herrenhaus gegenüber der Kirche kann man vorzüglich speisen. Natursteinmauern und Balkendecken sorgen für ein warmes Ambiente, gestärktes Leinen auf dem Tisch und funkelnde Gläser stimmen festlich ein. Die wechselnde Karte bietet »Exotika« wie hausgemachte Entenleber, getrüffelte Rehterrine und Langustinen auf Gemüse-Couscous. Doch auch wer nur auf Kaffee und Kuchen vorbeikommt, ist willkommen. Scheint die Sonne, sitzt man auf dem Kirchplatz oder – noch romantischer – im begrünten Innenhof, in dem ein Brunnen plätschert.

Plaza Principal; Tel. 9 28-87 87 57; www.donantonio.net; Mi–Do 11–17, Fr–Sa 11–22, So 11–17 Uhr ●●● MASTER VISA

Villaverde

→ S. 117, E 2

Dies ist keine »grüne Stadt«, wie der Name suggeriert, sondern ein unscheinbares Dorf 14 km südlich von Corralejo. Bekannt ist es für seinen ausgezeichneten Ziegenkäse, seine Ausflugslokale und für traditionelles Kunsthandwerk.

Hotels/andere Unterkünfte

Mahoh

Ein restauriertes Gehöft aus dem 18. Jh. wurde in ein Landhotel verwandelt: Man schläft im Himmelbett hinter meterdicken Natursteinmauern, badet im solarbeheizten Garten-Pool und genießt im Restaurant Fuerte-Spezialitäten. In der kleinen Bibliothek findet man CDs und Kassetten des Hotelbesitzers Tinín Martínez, der sich als Musiker sowie als Gründer der Öko-Gruppe Mahoh einen Namen gemacht hat.

Sitio de Juan Bello; Ctra. FV-101 Km. 2.8; Tel./Fax 9 28-86 80 50; www.mahoh.com; 9 Zimmer ●●● MASTER VISA

Museen

La Rosita

Das kleine Privatmuseum liegt 2 km nördlich Villaverde an der Straße nach Corralejo. Historische Fotos bieten einen Einblick in die Arbeitsverhältnisse der vortouristischen Zeit, im Garten werden typische Kanarenpflanzen gezüchtet. Kamelritt gegen Extragebühr.

Carretera FV-1; tgl. 10–18 Uhr; Eintritt 5/2,50 €

Essen und Trinken

El Horno

Rustikales Restaurant am Ortsausgang Richtung Corralejo mit hervorragenden Fleischgerichten. Am besten schmecken »cabrito« und »cordero al horno« (Zicklein und Lamm aus dem Ofen).

Ctra. FV-101 Km. 3.3; Tel. 9 28-86 86 71; tgl. außer Mo ab 12.30 Uhr ●●

Routen und Touren

Wer sich auf eigene Faust zur Erkundung der Insel aufmacht, begegnet oft über weite Strecken keiner Menschenseele. Dafür sind auf Fuerteventura fantastische Landschaftserlebnisse garantiert.

Straßen und Pisten führen durch dramatische Gebirgslandschaften. Per Boot erreicht man in weniger als einer Stunde Lobos, das »Eiland der Wölfe«, und Lanzarote, die »Insel der Feuerberge«.

Durchs Bergland nach Betancuria – Autotour zur ältesten Inselstadt

Charakteristik: Durch eine Landschaft erloschener Vulkane, glatt geschliffen von Wasser und Wind, gelangt man zur schönsten und ältesten Inselstadt. Bei Abstechern lernt man die brandungsumtoste Westküste kennen; **Länge:** 172 km (mit Abstecher nach Ajuy); **Dauer:** Tagesausflug; **Einkehrmöglichkeiten:** Gute Ausflugslokale gibt es im Landesinnern in Betancuria und Vega de Río Palma, an der Küste in Ajuy und La Pared; **Karte:** ⟶ S. 121, F 10–S. 118, C 5

Startpunkt der Tour ist **Costa Calma**. Bei Tarajalejo verlassen Sie die Küste und fahren landeinwärts. Über **Tuineje**, eine Gemeindehauptstadt mit hübscher Kirche, erreichen Sie **Tiscamanita**, das erste »Windmühlendorf«. Wenn Sie Fotos machen wollen, warten Sie noch ein paar Minuten – das schönere Motiv finden Sie in **Antigua**. Die restaurierte Mühle am Nordausgang des Ortes ist Teil eines Freilichtmuseums mit angeschlossenem Atelier.

Antigua → Betancuria

Auf der Weiterfahrt fühlt man sich an die Worte des Schriftstellers und Philosophen Miguel de Unamuno erinnert, der beim Anblick Fuerteventuras an La Mancha dachte, die Heimat Don Quijotes: auch hier zerfurchte Berge und von der Sonne ausgedörrte Ebenen, Dörfer voll morbider Melancholie und als Besonderheit die Windmühlen, angetrieben vom stetig wehenden Wind.

Die Straße beschreibt einen Halbkreis und schraubt sich zum Gebirgskamm hinauf, vom **Mirador Morro Velosa** 5 genießen Sie einen atemberaubenden Blick über den Norden und Westen der Insel. Nur wenige 4 Kilometer südlich folgt **Betancu-**

In den späten Nachmittagsstunden und am Abend ist Betancuria (→ S. 62) am schönsten – dann sind die meisten Touristenbusse wieder abgefahren.

ria, der Höhepunkt dieser Tour, der mit interessanten kulturhistorischen Bauten aufwartet. Die ehemalige Inselhauptstadt ist nach ihrem Gründer, dem normannischen Adligen Jean de Béthencourt, benannt. Gegenüber der mächtigen Kathedrale statten Sie der **Casa Santa María** einen Besuch ab. Hier können Sie sich in die Vergangenheit entführen lassen und Kunsthandwerkern bei der Arbeit zuschauen. Im Museo de Betancuria sind prähispanische Ausgrabungsfunde ausgestellt, darunter das Skelett einer Frau aus dem 14. Jh.

Betancuria → Ajuy

Mit majestätischen Palmen bezaubert der Wallfahrtsort **Vega de Río Palmas**, wo man auch sehr gut essen kann. An der Gemeindegrenze, markiert durch das Schild »Municipio de Betancuria«, lohnt ein Stopp: Von hier genießt man den Ausblick auf einen kleinen Stausee, der sich nach winterlichem Regen ausbildet. Die hier parkenden Urlauber locken Erdhörnchen an, die sich gern füttern lassen. Bei Pájara machen Sie einen Abstecher ins Fischerdorf **Ajuy** an der zerklüfteten Westküste. Wenn Sie Zeit haben, spazieren Sie über einen schmalen Pfad zur **Caleta Negra**, die vom Meer ausgewaschene »Schwarze Höhle«. Südlich von Ajuy liegt das Wrack der »American Star«, eines 1994 hier auf Grund gelaufenen Ozeanriesen.

Ajuy → Costa Calma

Dann geht es zurück nach Pájara, wo Sie auch auf den folgenden 30 km wieder wilde Romantik umgibt. Mit etwas Glück kommen Sie in La Pared in den Genuss eines schönen Sonnenuntergangs. Sie fahren durch eine grandiose Berglandschaft, bis zu einer Höhe von 600 m ragen Vulkane aus der Ebene auf. **La Pared** ist ein Küstenort im Umbruch, aber dank seiner Lokale einen Zwischenstopp wert. Die Rückfahrt führt über den **Istmo de la Pared**, eine 5 km schmale Landenge, die die Halbinsel Jandía vom Rumpf der Insel trennt. Und wenig später sind Sie wieder am Ausgangspunkt der Tour, an der Costa Calma, angelangt.

Nach einem Besuch der Caleta Negra – die »Schwarze Höhle« ist über steile Klippen und ausgetretene Treppen zu erforschen – freut man sich über Sonne und Licht.

Durch den kargen Inselnorden – Tagesausflug in eine fremde Welt

Charakteristik: Altkanarische Kultberge, Geisterdörfer und Sicheldünen – zwischen Corralejo und Antigua lernt man eine Landschaft aus Ocker- und Gelbtönen kennen, fremd und wundersam eintönig; **Länge:** 134 km (ohne Abstecher nach El Puerto de los Molinos); **Dauer:** Tagesausflug; **Einkehrmöglichkeiten:** Gute Ausflugslokale gibt es in Casillas del Ángel sowie in El Puertito de los Molinos und El Cotillo; **Karte:** ⟶ S. 117, E 1–116, C 2

Von Corralejo fahren Sie ostwärts durch die helle Dünenlandschaft von **El Jable**. Am roten Tafelberg der **Montaña Roja** beginnen die Sandfelder zu verebben. Vorbei an Parque Holandés, einer etwas verwaisten Feriensiedlung, erreichen Sie die Hauptstadt **Puerto del Rosario**. Hier lohnt es sich, einen Blick ins **Unamuno-Museum** zu werfen: Es erinnert nicht nur an Fuerteventuras berühmtesten Verbannten, sondern veranschaulicht, wie wohlhabende Bürger der Insel einst lebten.

Puerto del Rosario → La Ampuyenta

Über eine Ebene, die im Frühjahr in ein Meer weiß blühender Mandelbäume getaucht ist, gelangt man nach **Casillas del Ángel**. Sehenswert ist die spätbarocke Iglesia Santa Ana mit reich verziertem Hochaltar. Die Kirche besitzt eine Barockfront aus dunklem Lavagestein. Schlichter, doch nicht weniger imposant wirkt die Kapelle von **La Ampuyenta**: Das weiß getünchte Kirchlein ist von einer maurisch anmutenden Wehrmauer eingefasst, der Altarraum vom Boden bis zur Decke mit Szenen aus dem Leben des heiligen Pedro de Alcántara ausgemalt. Am südlichen Ortsausgang erinnert die **Casa Museo Dr. Mena** (tgl. außer Mo und Sa 9.30–17.30 Uhr) an den Arzt Tomás

Die hübsche Kapelle von La Ampuyenta stammt aus der zweiten Hälfte des 17. Jahrhunderts. Auffällig ist der seitlich angebrachte, hohe Glockengiebel.

Mena y Mesa, der dem Dorf im 19. Jh. ein Krankenhaus stiftete.

La Ampuyenta → Antigua

Der Gemeindeort **Antigua** folgt 5 km weiter südlich und begrüßt den Besucher mit einem Museumsdorf, dem **Molino de Antigua**. Hier kann inmitten eines großen Lavagartens die größte Windmühle der Insel bestaunt werden, oft öffnen auch Kunsthandwerksateliers, in denen Spitzendecken, Keramik und Palmwedelkörbe hergestellt werden. Originell ist das runde, einem Kornspeicher nachempfundene Restaurant, das einfache kanarische Küche anbietet.

Antigua → Tefía

Über Llanos de la Concepción treten Sie die Rückfahrt an. Durch ein weites Tal, in dem die Berge wie einsame Monumente aufragen, erreichen Sie **Tefía**. 7 Fast niemand lebt heute noch in diesem Dorf, doch sind seine Häuser und Mühlen glanzvoll restauriert. Mithilfe von EU-Geldern wurden sie in ein Freilichtmuseum verwandelt, das die einstige bäuerliche Alltagskultur veranschaulicht. Lohnenswert ist auch ein Abstecher zum »Schmuddelort« El Puertito de los Molinos, wo sich die Brandung wild an die Klippen wirft (hin und zurück 20 km). Wem der Sinn nach etwas Grünem steht, kann im Dorf Las Parcelas auf halber Strecke links in eine Piste einbiegen, die wenig später am Stausee Embalse Los Molinos endet.

Tindaya → Corralejo

Ein Vulkan überragt den Ort **Tindaya**: Mit seinen prähispanischen Felszeichnungen gilt er den Inselbewohnern als »heiliger Berg«, die Inselregierung möchte ihn nach Plänen des verstorbenen Star-Bildhauers Eduardo Chillida in ein »Monument der Leere« verwandeln. Kulturelles Glanzlicht des Nordens ist **La Oliva** mit seiner Pfarrkirche, dem alten Obristenpalais (Casa de los Coroneles) und einem landwirtschaftlichen Museum. 6 In der **Casa Mané** werden Werke kanarischer Künstler des 20. Jh. gezeigt.

Zielpunkt der Fahrt ist **El Cotillo**, wo Sie sich in einem der hübschen Fischlokale stärken können. Durch karges, steppenartiges Land geht es nach **Corralejo** zurück.

In der Casa de los Coroneles, dem Obristenpalais in La Oliva (→ S. 70), residierte bis ins 19. Jahrhundert hinein der oberste Befehlshaber der Insel.

9 Die legendären Strände von Barlovento

Die letzte unerschlossene Küste der Kanaren – Wellenstaffeln, Strände und gezackte Berge.

Nur wenige Urlauber finden den Weg auf die Westseite der Halbinsel Jandía, dabei gehört sie zum Schönsten, was Fuerteventura zu bieten hat: Am Fuß einer schroff zerklüfteten, bis zu 800 m aufragenden Gebirgskette erstrecken sich helle Strände – so weit das Auge reicht, 11 km lang! Zum Baden sind die Strände allerdings wenig geeignet, denn unentwegt rollen Wellenstaffeln heran und die Unterströmung ist stark. Dafür kann man stundenlang durch goldgelben Sand laufen und die grandiose Einsamkeit dieses Küstenabschnitts genießen.

Für die Tour empfiehlt es sich, einen Jeep anzumieten. Nahe dem Hafen von Morro Jable zweigt eine Piste ab (ausgeschildert »Punta de Jandía«), die sich am Fuß des Jandía-Massivs westwärts schlängelt. Nach 4 km quert sie Gran Valle, das »große Tal«, passiert die aufgelassene Tomatenplantage von Casas de Jorós und führt zu einer Gabelung (Km. 11,5). Hier hält man sich rechts; in vielen Serpentinen windet sich die Piste zu einer Passhöhe hinauf, die einen überwältigenden Panoramablick auf die Westküste eröffnet. Danach geht es über zahllose Haarnadelkurven nach Cofete hinab. Ein Dutzend Steinhäuser duckt sich im Schatten der Berge, in einem Terrassenrestaurant erholt man sich von den Strapazen der Fahrt.

Geheimnisvolle Villa Winter

Wer den Blick landeinwärts schweifen lässt, erkennt am Fuß des Gebirges die Ruine einer Villa. Noch im Ver-

Strandwanderer finden an der Playa de Barlovento paradiesische Verhältnisse: Mit der benachbarten Playa de Cofete lassen sich elf Kilometer Strand erlaufen.

fall wirkt sie feudal, ihr Rundturm erscheint als Ausguck in die Unendlichkeit des Atlantiks. Bewacht wird die Villa von Señora Rosa, die den einstigen Besitzer ehrfürchtig »Don Gustavo« nennt. 1937 kam der deutsche Militäringenieur Gustav Winter auf die abgeschiedene Halbinsel Jandía, in der Tasche einen von Franco-Offizieren genehmigten Pachtvertrag. Mit einem Stacheldrahtzaun riegelte er sie ab und ließ kurz darauf Flugrampen, einen Leuchtturm und die Villa errichten. Offiziell hieß es, er plane den Bau einer Fischereifabrik – diese aber wurde nie realisiert.

Welche Rolle spielte Gustav Winter wirklich? Man weiß, dass er mit der Konstruktion von U-Boot-Stützpunkten im besiegten Frankreich betraut war. Kann es sein, dass für Fuerteventura, vor dessen »neutraler« Küste deutsche Kriegsboote patrouillierten, Ähnliches geplant war? Die genaue Antwort kennt man nicht, seltsamerweise bleiben die Dokumente weiterhin unter Verschluss. Das fördert die Legendenbildung, und so verwundert es nicht, dass Bestseller-Autor Vázquez-Figueroa die Villa zum Schauplatz einer ominösen Spionage-Geschichte erkor. In seinem Roman »Fuerteventura« (nicht ins Deutsche übersetzt) verlustieren sich Wehrmachtsoffiziere zwischen U-Boot-Schlachten mit eingeflogenen Prostituierten, eine davon ist eine britisch-jüdische Agentin ... Der reale Gustav Winter ist nach 1945 auf den Kanarischen Inseln geblieben – das mit Nazi-Deutschland befreundete Spanien gewährte ihm und vielen führenden Nazis ein Leben in der Legalität.

Eldorado für Strandläufer

Nach Besichtigung der Ruine empfiehlt sich ein Lauf am Strand – so weit die Füße tragen und immer weiter Richtung Nordosten. Die Rückfahrt könnte man mit einem Abstecher zur Südwestspitze der Insel kombinieren. Hält man sich an der Gabelung (vgl. Km. 11,5) rechts, kommt man zum Faro de Jandía, dem Leuchtturm am westlichsten Punkt Fuerteventuras. Dort wie auch an der nördlich gelegenen Punta Pesebre genießt man einen spektakulären Sonnenuntergang. Anschließend stärkt man sich mit einem guten Fischeintopf in der Bar Tenderete (→ MERIAN-Tipp, S. 74), bevor man auf der 20 km langen Schotterpiste nach Morro Jable zurückfährt.

⟶ S. 120, C 12–S. 120, A 12

10 Auf der Felsinsel Lobos – Mit dem Boot zur »Insel der Wölfe«

Charakteristik: Auf der unter Naturschutz stehenden Felsinsel vor Fuerteventuras Nordküste gibt es keine Autos und Straßen, stattdessen Seevögel, Lagunen und einen »Muschelstrand«. Von Corralejo starten tgl. gegen 10 Uhr Ausflugsschiffe zur Insel Lobos – allerdings wird die 6 qkm große »Insel der Wölfe« nur bei ruhiger See angesteuert. Die Fahrtdauer beträgt 15 Min.; abgeholt wird man zum verabredeten Zeitpunkt, meist gegen 16 Uhr; **Dauer:** Tagesausflug; **Einkehrmöglichkeiten:** Da das Lokal auf der Insel nach Lust und Laune öffnet, sollte man ausreichend Proviant und vor allem viel Trinkwasser dabei haben; **Karte:** → S. 93, S. 117, F 1

Hält man sich an der Anlegestelle links, kommt man nach fünf Minuten zur kleinen **Playa de la Concha**. Wer etwas mehr von der Insel sehen möchte, geht von der Mole rechts und erreicht bald die **Casas del Puertito**, einen weltverlorenen Weiler mit einer Hand voll Steinhäuser, grün schimmernden Lagunen und vorgelagerten Riffs. Zwei Lokale haben sich auf Tagesausflügler eingestellt – doch sie öffnen nicht regelmäßig, und immer wieder wird diskutiert, ob man sie nicht ganz schließen und die Häuser abreißen soll.

Casas del Puertito → Las Lagunillas

Für die **Rundwanderung** (7 km) sind zwei Stunden einzuplanen. Gleich hinter dem Weiler schwenkt der Weg nach Norden, führt an Buchten vorbei, die von Lavaarmen umschlungen sind. **Las Lagunillas**, die kleinen La-

Salzige Meeresluft können Freizeitkapitäne auch bei Segeltörns schnuppern, die unter anderem von Corralejo (→ S. 37) aus starten.

gunen, werden sie genannt. Auf Salzwiesen, die oft vom Meer überflutet sind, gedeihen seltene Pflanzen; Möwen und Sturmtaucher stöbern durch das Gestrüpp.

Las Lagunillas → Montaña de Lobos

Nach etwa einer Stunde grüßt der Leuchtturm vom Nordkap der Insel. Inzwischen ist das Leuchtfeuer automatisiert. Vom Aussichtsplateau schauen Sie auf wellengepeitschte Klippen hinab, übers Meer schweift der Blick zu den Papagayo-Stränden auf Lanzarote. Spektakulär ist auch der Blick aufs Inselinnere: **Hornitos**, kleine graue Vulkanöfen, ragen aus der sandverwehten Ebene. Vom Leuchtturm folgen Sie der Hauptpiste in südwestlicher Richtung. Nach 15 Minuten zweigt rechts ein Pfad ab, der zum 127 m hohen **Montaña de Lobos** hinaufführt. Nach nur zehnminütigem Aufstieg ist das Gipfelplateau erreicht: Sie stehen am Rande eines großen Kraters, dessen westliches Drittel im Meer versank.

Montaña de Lobos → Playa de la Concha

Sie gehen dann zum Hauptweg zurück, der Sie zur **Playa de la Concha**, dem »Muschelstrand«, bringt: eine halbkreisförmige Bucht mit hellem Sand, wind- und brandungsgeschützt – ein wunderbarer Flecken zum Ausruhen! Vom Strand haben Sie es fünf Minuten zur Anlegestelle, von wo Sie das Schiff nach Corralejo zurückbringt.

Übrigens: Raubtiere gab es auf der »Insel der Wölfe« nie, wohl aber Mönchsrobben, die im Volksmund den Namen »Seewölfe« trugen. Ende des 19. Jh. wurde hier das letzte Tier erlegt.

Zur Nachbarinsel Lanzarote – Ausflug zur ungleichen Schwester

Charakteristik: Von Corralejo im Norden starten mehrmals täglich Fähren nach Playa Blanca im Süden Lanzarotes. Schon bei der Ankunft stellen Sie fest: Die Nachbarinsel ist anders als Fuerteventura, sauber und durchgestylt. Im Rahmen eines Tagesausflugs lassen sich höchst unterschiedliche Landschaften kennen lernen: die Weinregion, die mit ihren tausendfach ausgehobenen Weinmulden als »Kunstwerk« gilt, die dunklen, erst vor gut 200 Jahren entstandenen Feuerberge, eine smaragdgrüne Lagune und die geometrischen Salzgärten von Janubio; **Anfahrt:** Auf den Fähren der Reedereien Olsen und Armas ist die Mitnahme des Autos möglich (→ S. 112). Alternativ kann man in Playa Blanca einen Wagen mieten; günstige Angebote macht Cabrera Medina (Calle Limones 40, Tel. 9 28-51 78 11); **Dauer:** Tagesausflug; **Länge der Rundfahrt:** 90 km; **Einkehrmöglichkeiten:** Längs der Weinstraße kann man sich mehrfach stärken, Fischlokale gibt es in El Golfo und in Playa Blanca; **Karte:** ····› S. 95

Durch eine weite, ausgeglühte Ebene kommt man auf einer gut ausgebauten Schnellstraße von Playa Blanca im Süden Lanzarotes nach Yaiza, einem Dorf, das in krassem Kontrast zur umliegenden Natur steht. Hier weiße, wie mit dem Lineal abgesteckte Kubenhäuser, dort ein schwarz erstarrter Strom zertrümmerter Lava. Schon mehrfach wurde Yaiza zum schönsten Dorf Spaniens gekürt: Die Häuser sind so weiß, als würden sie jedes Jahr neu gestrichen, die Pflanzen sind fein säuberlich gestutzt, und die Putzkolonne ist jeden Tag unterwegs. Über Uga fahren Sie nach **La Geria**, Lanzarotes Weinregion. Das weite, gewellte Tal ist mit feinen Lavakörnchen bedeckt, tausende symmetrisch angeordneter Senken bergen die grüne Frucht. Wein kann hier gedeihen, weil es den Pflanzen gelingt, die Wurzeln bis zur fruchtbaren, durch die Vulkanexplosion verschütteten Mutterboden hinabzusenken. Feuchtigkeit erhalten sie vom Lava-

Höchst unterschiedliche Landschaften lernt man auf Lanzarote kennen – hier die Oase von Haría im Inselnorden.

grus, der es vermag, den nächtlichen Tau zu speichern und tagsüber an sie weiterzugeben. Zusammen mit Teneriffa ist Lanzarote die größte Weinproduzentin des Archipels, und man wundert sich über die Vielfalt der Weine, die aus der Lava gezogen werden können. Am besten ist der Malvasier, der in verschiedenen Geschmacksrichtungen angeboten wird: von »seco« (trocken), einem guten Begleiter für Fischgerichte, bis zum teuren »dulce« (süß), der als Dessertwein begehrt ist. Entlang der Straße gibt es mehrere Bodegas, in denen Sie den berühmten Malvasía und auch andere Weine kosten können. Ein Halt lohnt in der Bodega La Geria (Km. 19) und kurz danach in der Bodega Suárez Cabrera (Km. 18). Etwas abseits und daher weniger überlaufen ist die Bodega El Chupadero (Km. 18.8), wo man zu den edlen Tropfen auch gute Tapas bekommt. Eine gute Einführung in den Weinanbau erhält man in der Bodega El Grifo, die ein kleines Museum unterhält (Carretera de Masdache 121; tgl. 10.30–18 Uhr).

La Geria → Mancha Blanca

In **Mozaga** erwartet Sie das umstrittene, von Manrique entworfene Fruchtbarkeitsdenkmal, gleich daneben ein Museum und das Restaurant **Casa Museo del Campesino**, wo man gut und teuer speisen kann (Tel. 9 28-52 01 36; tgl. 12.30–16.30 Uhr; Eintritt frei). Dann geht die Fahrt über Tiagua weiter nach **Mancha Blanca**. Südwestlich des Orts können Sie sich im Besucherzentrum einen theoretischen Überblick über den Vulkanismus verschaffen (Ctra. Yaiza-Tinajo, km 11.5; tgl. 9–17 Uhr; Eintritt frei), kurz darauf erleben Sie die Naturkräfte »live«. Die Eintrittskarte, die Sie an der Schranke zum **Nationalpark** lösen, enthält eine Vorführung am Feuer speienden **Hilario** sowie

eine Busfahrt durch die Mondlandschaft von Timanfaya (Parque Nacional de Timanfaya; tgl. 9–18, Bustour 10–17, Restaurant 12–15 Uhr; Tel. 9 28-84 00 57; Eintritt 7,20 €). Man passiert aufgerissene Krater und perfekt geformte Vulkane, die von schwarz bis violett schimmern, fährt über glatte Lavafelder und breite, zertrümmerte Ströme: »Feuerschlucht« (Barranco del Infierno), »verbrannter Kessel« (Caldera Quemada) und »Tal der Ruhe« (Valle de Tranquilidad«) – so heißen einige der Stationen. Um die Dramatik der Tour noch zu steigern, ertönt hymnische Musik. Ist man bei der Fahrt hungrig geworden, kann man sich anschließend im kreisrunden Panoramarestaurant mit einem Stück Fleisch, das über der Erdhitze gebraten wurde, stärken. Kegel und Krater sind zwischen 1730 und 1736 entstanden; der vorläufig letzte Ausbruch erfolgte 1824.

El Golfo → Playa Blanca

Auf dem Rückweg empfiehlt sich ein Abstecher nach **El Golfo**. Am Ortseingang des Fischerdorfes führt ein fünfminütiger Weg zu einem fantastischen Aussichtspunkt: Am Fuß rötlicher Lavahänge erblicken Sie einen giftgrünen Kratersee; nahebei brechen sich hohe Wellen. Anschließend führt Sie die Straße an der zerklüfteten Hervideros-Küste entlang zu den Salinen von **Janubio**, in denen Meersalz gewonnen wird. Inmitten einer weiten Lagune wurden schachbrettartige, von Mauern gesäumte Salzfelder angelegt. Zum Abschluss schlendern Sie ein wenig über die Promenade von **Playa Blanca**. Ein Fischlokal reiht sich ans nächste, der Blick schweift übers Meer bis zum 15 km entfernten Fuerteventura. Wenn Sie vor der Abfahrt noch etwas Zeit haben, könnten Sie südostwärts immer am Meer entlang in gut 20 Min. zum noblen Yachthafen Rubicón laufen: Für Glamour sorgen die in einem kirchenähnlichen Bau untergebrachte Sammer Gallery aus Marbella und das Café del Mar aus Ibiza, das den ganzen Tag Chillout-Musik spielt.

Ausflug mit Showprogramm: Im Timanfaya-Nationalpark wird den Besuchern in eindrucksvoller Weise verdeutlicht, was es mit dem Namen »Feuerberge« auf sich hat ...!

Küstentour nach El Cotillo – Per Rad oder Auto zu den Lagunenstränden

Charakteristik: Die Rad- bzw. Autotour führt auf holpriger Piste durch den einsamen Norden. Man fährt immer dicht an der Küste entlang, die hier wild und unerschlossen ist – die ganze Zeit über schaut man über die Fluten hinweg auf die Nachbarinsel Lanzarote. An mehreren Stellen laden weiße Buchten zu einer Rast ein; an den improvisierten Feuerstellen erkennt man, dass hier auch die Canarios gerne picknicken. Den nordwestlichsten Punkt der Insel markieren zwei Leuchttürme: der neue vollautomatische weist Schiffen den Weg, der alte wird in ein Museum der Fischerei verwandelt. In El Cotillo, am Ende der Tour erholt man sich von den Strapazen der Fahrt bei einem Bad an den Lagunenstränden; **Länge:** 50 km; **Dauer:** Tagesausflug; **Einkehrmöglichkeiten:** In El Cotillo gibt es mehrere gute Fischlokale; **Hinweis:** Aufgrund der holprigen Strecke ist ein stabiles Rad, am besten ein Mountainbike, zu wählen; **Karte:** → S. 117, E 1–S. 116, C 2

Startpunkt ist **Corralejo**: Über die Straße General García Escámez gelangen Sie, vorbei am neuen Busbahnhof, direkt zur Küstenpiste (ausgeschildert »Majanicho«). Die ersten Kilometer auf sandiger Piste sind anstrengend, doch der Blick aufs Meer entschädigt für die Mühe. Zwischen den gigantischen Wellen der **Punta de la Tiñosa**, dem »grindigen Kap«, tummeln sich Surf-Cracks, im Hintergrund sehen Sie den weißen Küstensaum von Lanzarote. Zerbröckelnde Mauern aus Lesesteinen zeigen an, dass hier vor noch nicht allzu langer Zeit Landwirtschaft betrieben wurde – ein mühsames Geschäft in dieser sandverwehten Vulkanwüste! Die geografischen Bezeichnungen deuten an, wie die Bewohner den Landstrich wahrnahmen: »Fegefeuer« (purgatorio) nannten sie die weite Ebene. Landeinwärts erheben sich aus der rötlichen Ebene verwitterte Vulkane. Nach gut 10 km erscheint eine erste Siedlung, **Majanicho**, an einer großen geschützten Bucht. Der Weiler besteht aus zusammengeschusterten Wellblech- und Wochenendhütten, Hunde streunen umher, und Möwengeschrei erfüllt die Luft. Doch große, in die leere Landschaft gestellte Reklametafeln zeigen an, dass auch hier bald eine Urbanisation entstehen soll. Wer die Tour um 20 km verkürzen will, fährt ab Majanicho über die südwärts verlaufende Asphaltstraße nach Lajares und von dort nach Corralejo zurück. Hinter dem Weiler Majanicho erstreckt sich das **Malpaís de Bayuyo** (»Land der schlechten Lava«): Während der Vulkanausbrüche auf Lanzarote wurden Geröllmassen bis hierher geschleudert.

Cortijo de Costilla → Lajares

Nach einigen Kilometern entlang steiniger Felsküste passieren Sie **Cortijo de Costilla**, ein gottverlassenes Fischernest. In der Folge beginnt sich die Landschaft zu wandeln: Es dominiert nun nicht mehr die rötlich schimmernde Lava, sondern man blickt auf grellweiß leuchtende Dünenfelder mit eingesprenkelten Steinbuchten. Nach insgesamt 20 km mündet die Piste in Asphalt: Rechts geht es zum 1 km entfernten Leuchtturm **Faro de Tostón**, links schnurstracks nach **El Cotillo**. Empfehlenswert ist die Einkehr in einem der Fischlokale im alten bzw. oberhalb des neuen Hafens oder ein Abstecher zum 2 km südlich des Ortes gelegenen Sandstrand. Auf dem Rückweg nach Corralejo lohnt ein Stopp in **Lajares**, wo sich ein buntes, internationales Gemisch aus Surfern, Lebenskünstlern und anderen Residenten eingerichtet hat.

Wissenswertes über Fuerteventura

Als »Hawaii Europas« wird Fuerteventura mitunter bezeichnet: kein Wunder, denn die Insel bietet im Norden stürmische Winde und bis zu fünf Meter hohe Brandung. Gemäßigter geht es an der Playa Barca (→ S. 48) oder in Costa Caleta (→ S. 44) zu.

Von Anreisemöglichkeiten und Zollmodalitäten über Essdolmetscher und Sprachführer, Buchtipps und Internetadressen: Hier sind nützliche Informationen rund um Fuerteventura aufgeführt.

Jahreszahlen und Fakten im Überblick

Um 500 v. Chr.
Vermutlich erste Besiedlung durch berberische Einwanderer aus Nordafrika.

25 v. Chr.
Der römische Vasall König Juba II. von Mauretanien unternimmt eine Expedition zu den Kanarischen Inseln.

4. Jh. n. Chr.
Das Römische Reich zerfällt, für knapp 1000 Jahre geraten die Inseln aus dem Blick der Europäer.

999
Im 7. Jh. wird der gesamte nordafrikanische Raum arabischer Herrschaft unterstellt. Eine Expedition unter Leitung Ben Farroukhs erreicht 999 den Archipel, leitet aber keine Eroberung ein.

1336
Lancelotto Malocello, ein Genueser in portugiesischen Diensten, erreicht die nach ihm benannte Insel Lanzarote. Sie wird drei Jahre später auf einer auf Mallorca hergestellten Weltkarte als »Insula de Lanzarotus Marocelus« verortet. Für die Nachbarinsel wird der Name »Laforte Ventura« (Fuerteventura) gewählt.

1341–1387
Die portugiesische, aragonesische und kastilische Krone entsenden Expeditionskorps zum Archipel. Nach Auskunft von Chronisten war Fuerteventura in ein Nord- und ein Südreich geteilt, denen jeweils ein Fürst vorstand.

1404/1405
Der normannische Adlige Jean de Béthencourt besiegt die Stammesfürsten Fuerteventuras im Auftrag der kastilischen Krone. Zur Hauptstadt der Insel wird Betancuria erwählt.

1448
Für über 400 Jahre wird die Insel Fuerteventura Besitz des Clans Herrera. Bis Ende des 16. Jh. dient die Insel als Sprungbrett für Sklavenexpeditionen nach Nordwestafrika. Berber und Schwarzafrikaner werden auf dem Sklavenmarkt von Las Palmas verkauft.

1593
Der berberische Korsar Arráez verwüstet Betancuria und nimmt zahlreiche Bewohner gefangen.

1630
Der Inselherrscher verlegt seine Residenz nach Gran Canaria und verpachtet das Land gegen eine horrende Festsumme, unabhängig vom Ernteertrag. In Dürrejahren herrscht Notstand: Zahlreiche Bauern emigrieren, um der Abgabepflicht zu entkommen; viele derer, die auf der Insel bleiben, sterben an Hunger oder Epidemien.

1687
Nach langjähriger Dürre dezimiert sich die Einwohnerzahl Fuerteventuras von 600 auf 130 Familien.

1720
Die Nachbarinseln nehmen keine »Wirtschaftsflüchtlinge« aus Fuerteventura mehr auf.

ab 1769
Barrilla, ein Salzkraut, das zur Herstellung von Soda benötigt wird, verdrängt Getreide als wichtigstes Exportgut. Ab 1825 kommt Koschenille hinzu, ein aus Kaktusläusen gewonnener Farbstoff.

1837
Abschaffung des Señorial-Status: Die Insel ist fortan nicht mehr im Feudalbesitz einer Adelsfamilie, sondern

direkt der spanischen Krone unterstellt. Die Vorherrschaft der »Caciques« (Großgrundbesitzer) bleibt gleichwohl erhalten.

1852
Die Kanarischen Inseln werden zur Freihandelszone erklärt. Acht Jahre später wird Puerto de Cabras (heute Puerto del Rosario) Inselhauptstadt.

Ab 1870
Durch die Entdeckung der künstlichen Anilinfarben geht der Absatz der Koschenille rapide zurück. Ab der Jahrhundertwende werden verstärkt Tomaten angebaut.

1924
Der Rektor der Universität Salamanca, Miguel de Unamuno, wird aufgrund seiner Kritik an der Militärdiktatur Primo de Riveras nach Fuerteventura verbannt.

1927
Fuerteventura wird der Provinz Las Palmas zugeteilt, zu der auch Gran Canaria und Lanzarote gehören.

1936
General Franco unternimmt von den Kanarischen Inseln einen Putschversuch gegen die republikanische Zentralregierung, Startsignal zu einem dreijährigen Bürgerkrieg.

1941
Gustav Winter, ein deutscher Militäringenieur, erwirbt die Halbinsel Jandía und riegelt sie von der Außenwelt ab. Noch heute geben seine Aktivitäten zu Spekulationen Anlass.

1941–1944
Pläne der Alliierten, den Archipel zu besetzen, werden nicht realisiert.

1966
Beginn des Charter-Tourismus, deutsche Unternehmer bauen das erste Urlaubshotel in Jandía.

1975
Nach dem Tod Francos leitet sein Nachfolger König Juan Carlos I. in Spanien den Demokratisierungsprozess ein. Die spanische Kolonie Westsahara wird aufgelöst, neues Hauptquartier der dort stationierten Fremdenlegion wird die Hauptstadt Fuerteventuras, Puerto del Rosario.

1977
Die Legionäre ermorden einen unbotmäßigen Bürgermeister und den Inselpräsidenten Fuerteventuras.

1982
Unter der neuen sozialistischen Regierung erhalten die Kanarischen Inseln relative Autonomie.

1986
Spanien tritt der NATO und der Europäischen Gemeinschaft bei, die Kanarischen Inseln genießen einen privilegierten Sonderstatus. Der Tourismus rückt zum wichtigsten Wirtschaftszweig der Insel Fuerteventura auf, es entstehen unter anderem neue Straßen und Wasserentsalzungsanlagen.

1994–1996
Schrittweiser Abzug der Fremdenlegion, die damit rund 20 Jahre auf der Insel stationiert war.

1998
Die Zahl der Inselbesucher übersteigt erstmals die Grenze von einer Million, davon kommen mehr als 60 % aus Deutschland, Österreich und der Schweiz.

2002–2005
Viele flüchtende Afrikaner sterben beim Versuch, das rettende Ufer Fuerteventuras zu erreichen.

2006
Der Westen Fuerteventuras soll zu Spaniens größtem Nationalpark erklärt werden.

Nie wieder sprachlos

Aussprache

c vor dunklen Vokalen wie k (como), vor hellen Vokalen wie engl. th (gracias)
ch wie tsch (ocho)
h wird nicht gesprochen
j wie ch (jueves)
ll wie j (calle)
ñ wie nj (mañana)
qu wie k (quisiera)
s wie ss (casa)
y wie j (hoy)
z wie engl. th (diez)

Wichtige Wörter

ja	*sí [si]*
nein	*no [no]*
danke	*gracias [grassias]*
Wie bitte?	*¿cómo? [komo]*
Ich verstehe nicht.	*No entiendo. [no entjiendo]*
Entschuldigung	*con permiso, perdón [kon permisso, perdon]*
Hallo	*hola [ola]*
Guten Morgen	*buenos días [buenos dijas]*
Guten Tag	*buenas tardes [buenas tardes]*
Guten Abend	*buenas noches [buenas notsches]*
Auf Wiedersehen	*adiós [adijos]*
Ich heiße ...	*Me llamo ... [mee jamo]*
Ich komme aus ...	*Yo soy de ... [jo soij dee]*
- Deutschland	*- Alemania [Alemanja]*
- Österreich	*- Austria [Austrija]*
- der Schweiz	*- Suiza [Suissa]*
Wie geht's?	*¿Qué tal, cómo está? [ke tal, komo esta]*
Danke, gut.	*Bien, gracias. [bjän, grassias]*
wer, was, welcher	*quien, que, cual [kjien, ke, kual]*
wann	*cuando [kuando]*
wie lange	*cuanto tiempo [kuanto tijempo]*
Sprechen Sie deutsch/englisch?	*¿Habla alemán/inglés? [abla aleman/ingles]*
heute	*hoy [oij]*
morgen	*mañana [manjana]*
gestern	*ayer [ajer]*

Zahlen

eins	*uno [uno]*
zwei	*dos [dos]*
drei	*tres [tres]*
vier	*cuatro [kuatro]*
fünf	*cinco [sinko]*
sechs	*seis [seijs]*
sieben	*siete [siete]*
acht	*ocho [otscho]*
neun	*nueve [nuebe]*
zehn	*diez [dies]*
einhundert	*cien [sjen]*
eintausend	*mil [mil]*

Wochentage

Montag	*lunes [lunes]*
Dienstag	*martes [martes]*
Mittwoch	*miércoles [miärkoles]*
Donnerstag	*jueves [chuebes]*
Freitag	*viernes [bijernes]*
Samstag	*sábado [sabado]*
Sonntag	*domingo [domingo]*

Unterwegs

rechts	*a la derecha [a la deeretscha]*
links	*a la izquierda [a la iskierda]*
geradeaus	*recto [rekto]*
Wie weit ist es nach ...?	*¿Cuánto tiempo dura el viaje hasta ...? [kuanto tijempo dura el biache asta]*
Wie kommt man nach ...?	*¿Por dónde se va a ...? [por donde se ba a]*
Wo ist ...	*¿Dónde está ... [donde esta]*

- die nächste Werkstatt?	*- el próximo taller? [el proximo tajär]*
- der Bahnhof?	*- la estación de tren? [la estassijon dee tren]*
- der Flughafen?	*- el aeropuerto? [el aäropuerto]*
- die Touristeninformation?	*- la información turística? [la informassion turistika]*
- die nächste Bank?	*- el próximo banco? [el proximo banko]*
- die nächste Tankstelle?	*- la próxima gasolinera? [la proxima gasolinera]*
Bitte voll tanken!	*¡Lleno, por favor! [jeno por fabor]*
Wir hatten einen Unfall.	*Tuvimos un accidente. [tubimos un axidente]*
Wo finde ich ...	*¿Dónde encuentro... [donde enkuentro]*
- einen Arzt?	*- un medico? [un mediko]*
- eine Apotheke?	*- una farmacia? [una farmassia]*
Eine Fahrkarte nach ... bitte!	*¡Quisiera un pasaje a ..., por favor! [visitera un pasache a ... por fabor]*

Übernachten

Ich suche ein Hotel.	*Busco un hotel. [busko un otel]*
Ich suche ein Zimmer für ... Personen.	*¿Tiene usted una habitación para ... personas? [tijene ustet una abitassion para ... personas]*
Haben Sie noch Zimmer frei ...	*¿Hay habitaciones libres ... [aij abitassiones libres]*
- für eine Nacht?	*- para una noche? [para una notsche]*
Ich habe ein Zimmer reserviert.	*Reservé una habitación. [reservee una abitassion]*
Wie viel kostet das Zimmer ...	*¿Cuánto vale la habitación ... [kuanto bale la abitassion]*
- mit Frühstück?	*- con desayuno incluido? [kon dessajuno inkluido]*
Ich nehme das Zimmer.	*Quiero la habitación. [kijero la abitassion]*
Kann ich mit Kreditkarte zahlen?	*¿Puedo pagar con tarjeta de crédito? [puedo pagar kon tarcheta de kredito]*
Ich möchte mich beschweren.	*Me quiero quejar. [mee kijero kechar]*
funktioniert nicht	*No funcciona. [no funxiona]*

Essen und Trinken

Die Speisekarte bitte!	*El menu, ¡por favor! [el menu por fabor]*
Die Rechnung bitte!	*La cuenta, por favor! [la kuenta por fabor]*
Ich hätte gern ...	*Quisiera ..., ¡por favor! [kisijera... por fabor]*
Kellner/-in	*camarero/camarera [kamarero/ kamarera]*
Mittagessen	*almuerzo [almuersso]*
Abendessen	*cena [sena]*
Ich möchte kein(en) Fleisch/Fisch.	*No quiero carne/ pescado. [no kijero karne/peskado]*

Einkaufen

Wo gibt es ...?	*¿Dónde hay ...? [donde aij]*
Haben Sie ...?	*¿Hay ...? [aij]*
Wie viel kostet ...?	*¿Cuánto vale ...? [kuanto bale]*
Das ist zu teuer.	*Es demasiado caro. [es demasiado karo]*
Ich nehme es.	*Me lo llevo. [mee lo jevo]*
geöffnet/geschlossen	*abierto/cerrado [abijerto/serado]*
Bäckerei	*panadería [panaderija]*
Metzgerei	*carnicería [karnisserija]*

Die wichtigsten kulinarischen Begriffe

Wichtige Redewendungen
→ S. 103

A
aceite: Öl
aceitunas: Oliven
agua: Wasser
– *con gas:* Wasser mit Kohlensäure
– *mineral:* Mineralwasser
– *natural:* Leitungswasser
aguardiente: Branntwein, Schnaps
ajo: Knoblauch
albóndiga: Frikadelle, Bulette
alcachofa: Artischocke
almeja: Miesmuschel
almendra: Mandel
arroz: Reis
asado: Braten

B
bacalao: Kabeljau, Stockfisch
bisté, bistec: Beefsteak
bocadillo: Sandwich, belegtes Brötchen
buey: Rind, Ochse

C
cabra: Ziege
cabrito: Zicklein
café con leche: Milchkaffee
– *cortado:* Kaffee mit wenig Milch
– *solo:* schwarzer Kaffee
calabaza: Kürbis
caldo: Fleischbrühe
cangrejo: Krebs
carne: Fleisch
cazuela: Fischteller, Kasserolle
cebollas: Zwiebeln
cerdo: Schweinefleisch
cerveza: Bier
– *oscura:* dunkel
– *rubia:* hell (»blond«)
chorizo: rote Paprikawurst
chuleta: Kotelett
churros: frittierte Hefekringel
ciruelas: Pflaumen
cocido: Eintopf mit Fleisch, Kichererbsen und Kartoffeln
coliflor: Blumenkohl
conejo: Kaninchen
crustáceos: Schalentiere

D
desayuno: Frühstück
dulces: Süßigkeiten

E
embutido: Wurst
escalope: Schnitzel
espárrago: Spargel
– *triguero:* (wilder) grüner Spargel
estofado: Schmorbraten

F
fino: trockener Sherry
fresa: Erdbeere
frito: gebacken

G
gallina: Huhn
garbanzos: Kichererbsen
gazpacho: kalte Gemüsesuppe
gofio: geröstetes Mais- oder Getreidemehl
guisado: Schmorfleisch
– *picante:* Ragout
guisante: Erbse

H
helado: Speiseeis
hielo: Eis, Eisstück
hígado: Leber
huevo: Ei
– *duro:* hart gekochtes Ei
– *frito:* Spiegelei
– *con jamón:* Eier mit Speck
– *pasado:* weich gekochtes Ei
– *revuelto:* Rührei

J
jabalí: Wildschwein
jamón: Schinken
judías: Bohnen

L
leche: Milch
lechuga: Kopfsalat

lengua: Zunge
lenguado: Seezunge
lenteja: Linse
liebre: Hase
lomo: Lendenstück

M
manteca: Fett
mantequilla: Butter
manzana: Apfel
mariscos: Meeresfrüchte, Muscheln
melocotón: Pfirsich
membrillo: Quitte
merengue: Schaumgebäck, Baiser
mermelada: Marmelade
morcilla: Blutwurst

N
naranja: Orange
nata: Sahne
nuez: Walnuss

P
paella: Reisgericht mit Meeresfrüchten, Fleisch und Gemüse
pan: Brot
– *integral:* Vollkornbrot
papas, patatas: Kartoffeln
pasas: Rosinen
pastel: Kuchen, Torte
– *de patatas:* Kartoffelpuffer
patatas fritas: Pommes frites
pato: Ente
pecho: Brust
pechuga: Geflügelbrust
pepino: Gurke
perdiz: Rebhuhn bzw. Rothuhn
perejil: Petersilie
pescado: Fisch
pez espada: Schwertfisch
picadillo: Hackfleischgericht
pimienta: Pfeffer
puchero: Eintopf
pulpo: Polyp, Oktopus

Q
queso: Käse
– *de cabra:* Ziegenkäse
– *duro:* gereifter Käse
– *fresco:* Frischkäse, Quark
– *semiduro:* halbreifer Käse
– *tierno:* Frischkäse

R
ración: »doppelte« Tapa
repollo: Weißkohl
riñones: Nieren

S
salchicha: Würstchen
salchichón: eine Art Salami
salsa: Sauce
sangría: kalte Bowle aus Rotwein, Wasser, Zucker, Früchten
sardina: Sardine
seta: Pilz, meist für: Austernpilz
solomillo: Filet
sopa: Suppe mit Einlagen
– *de verduras:* Gemüsesuppe

T
tapa: Appetithäppchen
tarta: gefüllte Torte
ternera: Kalb, Kalbfleisch
tiburón: Haifisch
tocino: Speck
tortilla francesa: Omelett
– *española:* Omelett mit Kartoffelstücken
trigo: Weizen
trucha: Forelle
– *con batatas:* Forelle mit Süßkartoffeln
– *con cabello de ángel:* Forelle mit Melonenkonfitüre
turrón: Mandelgebäck

U
uva: Weintraube

V
venado: Hirsch
vinagre: Essig
vino: Wein
– *blanco:* Weißwein
– *del país:* Landwein
– *dulce:* süßer Wein
– *de mesa:* Tischwein
– *rosado:* Roséwein
– *tinto:* Rotwein

Z
zanahoria: Mohrrübe
zumo: Saft
– *de frutas:* Fruchtsaft

Nützliche Adressen und Reiseservice

Auf einen Blick

Fläche: 1732 qkm (zweitgrößte Insel des Archipels)

Einwohnerzahl: 88 000, davon ca. 10 % Ausländer

Verwaltungsform: Fuerteventura gehört zur kanarischen Ostprovinz, die außerdem Gran Canaria und Lanzarote umfasst. Ost- und Westprovinz (Teneriffa, La Palma, Gomera, El Hierro) bilden innerhalb Spaniens die autonome Region »Canarias«.

Religion: vorwiegend römisch-katholisch

Wirtschaft: Der Tourismus ist der ökonomische Motor der Insel, trotz hoher EU-Subventionen sind Landwirtschaft und Fischerei auf dem Rückzug.

Anreise

Mit dem Flugzeug

Am bequemsten ist Fuerteventura per Charter zu erreichen. Von fast allen großen Flughäfen in Deutschland, Österreich und der Schweiz gibt es mehrmals wöchentlich Direktverbindungen zum Flughafen Puerto del Rosario. Die Reisezeit beträgt vier bis fünf Stunden. Der Preis für Hin- und Rückflug schwankt je nach Saison und Veranstalter.

Die günstigsten Tarife gibt es bei HapagFly, wo nach den Osterferien Tickets bereits ab 265 € angeboten werden (auch buchbar über Internet: www.hlf.de). Diese Fluglinie hat bei einer Untersuchung der Zeitschrift »Öko« auch die besten Noten im »Familien-Service« bekommen: »Familien mit Babys sind bei dieser Airline am besten aufgehoben, denn das Service-Angebot ist sehr umfangreich.« Pro Kind werden 20 weitere kg Freigepäck gewährt, Buggy und Kinderwagen reisen kostenlos mit. An Bord sitzen Eltern mit Kleinkindern in der ersten Reihe. In den Waschräumen sind Wickeltische vorhanden, Baby-Nahrung kann aufgewärmt werden. Kleinkinder bis zu zwei Jahren zahlen 10 % des Flugpreises, bis 11 Jahre 40 %, von 12 bis 21 Jahre 80 %. Wer noch mehr Geld sparen will, spekuliert auf eine Last-Minute-Offerte, die oft für weniger als 250 € zu haben ist.

Der Preis für das Ticket erhöht sich um die Kosten für den Transport von Sportgeräten. Die Ausrüstung (Golfgepäck, Surfbrett, Fahrrad) sollte bereits bei der Buchung angemeldet werden. Bei HapagFly ist es neuerdings auch möglich, den eigenen PKW oder das Motorrad nach Fuerteventura mitzunehmen.

Ankunft und Transfer

Auf dem Flughafen kann in einer Wechselstube Geld getauscht werden; ist diese geschlossen, steht für Karteninhaber ein Geldautomat (»telebanco«) bereit. Alle Urlauber, die ein Pauschalarrangement gebucht haben, werden am Flughafen abgeholt und mit dem Bus zu ihrem Hotel gebracht.

Die Transferzeiten betragen etwa eine Stunde bis Corralejo und zwei Stunden nach Jandía/Morro Jable.

Individualtouristen haben keinen Anspruch auf kostenlosen Zubringer, sie müssen ihren Transfer selbst organisieren. Entweder sie mieten sich gleich am Flughafen ein Auto, oder sie fahren mit Taxi oder Bus zu ihrem Wunschort. Das Taxi kostet nach Puerto del Rosario ca. 5 €, nach Corralejo 25 €, zur Costa Calma 50 € und nach Jandía 60 €. Die preiswerteste Möglichkeit, zum gewünschten Urlaubsziel zu gelangen, ist der öffentliche Bus (Linie 10), der nach Puerto del Rosario bzw. Morro Jable fährt – allerdings nur dreimal am Tag!

Der aktuelle Busfahrplan liegt in der Touristeninformation aus; die Öffnungszeiten des Büros richten sich nach der Ankunft von Flugzeugen.

Mit dem Schiff
Die Anreise per Schiff ist eine Option, die von all jenen bevorzugt wird, die viel Zeit haben und in ihrem Urlaub nicht auf Campingwagen, eigenes Auto oder Motorrad verzichten wollen. Doch die Anfahrt ist mühsam. Zunächst geht es quer durch Frankreich und Spanien, die Fähre zu den Kanaren startet in Cádiz (Andalusien). Die »Juan J. Sister«, das komfortable Schiff der Linie **Trasmediterránea**, fährt einmal wöchentlich in Las Palmas de Gran Canaria ein. Von dort geht es mit Schiffen von Armas oder Trasmediterránea nach Fuerteventura weiter (**www.trasmediterranea.es**).

Für die Rückfahrt benötigt man Anschluss an Las Palmas, wo die Fähre einmal wöchentlich startet. Rechtzeitig reservieren! Auskunft und Buchung über DER-Reisebüros oder die Generalagentur der Trasmediterránea:

Deutsches Reisebüro GmbH
DER-TRAFFIC Schiffservice; Emil-von-Behring-Str. 6, 60439 Frankfurt/M.; Tel. 0 69/95 88 58 00, Fax 95 88 58 22

Verbindung zu den Nachbarinseln
→ S. 112

Auskunft

Spanische Fremdenverkehrsämter
In Deutschland
- **Kurfürstendamm 63, 10707 Berlin; Tel. 0 30/8 82 65 43, Fax 8 82 66 61**
- **Grafenberger Allee 100, Kutscherhaus, 40237 Düsseldorf; Tel. 02 11/6 80 39 81, Fax 6 80 39 85**
- **Myliusstr. 14, 60323 Frankfurt; Tel. 0 69/72 50 38, Fax 72 53 13**
- **Postfach 15 19 40, 80051 München; Tel. 0 89/5 30 74 60, Fax 53 07 46 20**

In Österreich
- **Walfischgasse 8, 1010 Wien 1; Tel. 01/5 12 95 80, Fax 5 12 95 81**

In der Schweiz
- **Seefeldstr. 19, 8008 Zürich; Tel. 0 44/2 53 60 50, Fax 2 52 62 04; www.spain.info**

Auf Fuerteventura
Das örtliche Fremdenverkehrsbüro hat seinen Sitz in Puerto del Rosario:

Oficina de Turismo → S. 75, C 1
Almirante Lallermand 1; Tel. 9 28-53 08 44, Fax 9 28-85 16 95; www.fuerteventuraturismo.com; Mo–Fr 8-14 Uhr
Weitere Info-Stellen gibt es in Corralejo

Die Anreise per Schiff ist zwar langwierig und etwas mühsam, aber auch ein unvergessliches Erlebnis.

und Jandía. Die Adressen finden Sie bei den jeweiligen Ortsinformationen.

Buchtipps

Spanisch für die Kanarischen Inseln – Wort für Wort (Reihe Kauderwelsch, Reise-Know-How Verlag, Bielefeld 2004). Nicht nur ein Basiskurs der fremden Sprache, sondern zugleich eine Einführung in alle Besonderheiten des »atlantischen Spanisch« und in die kanarische Mentalität.

Leonie Bach: Fiesta Fatal (Verlag Bastei-Lübbe, Bergisch-Gladbach 2002). Beatrice, versessen auf ein Leben in Luxus, reist mit ihrer Freundin nach Fuerteventura, um sich einen Millionär zu angeln. Unter Vorspiegelungen falscher Tatsachen findet sie einen heiratswilligen Architekten, doch rasch stellen sich – nach bewährtem Verkaufskonzept – Komplikationen ein ... Die Handlung könnte zwar ebenso gut an einem anderen Urlaubsort spielen, aber so hat endlich auch Fuerte seinen (verdienten?) »Urlaubsroman«.

Karin Meurer/Rainer Müller: Fuerteventura – Magie einer Insel (Puerto del Rosario 2000). Opulenter, nur vor Ort erhältlicher Bildband, der die Schönheit der Wüsteninsel aufzeigt. Auf Hochglanzpapier gedruckt und mit stimmungsvollen deutsch-spanischen Texten versehen.

Diebstahl

Auch auf Fuerteventura sind überall dort, wo es Touristen gibt, Diebe unterwegs. Vorsichtig sein sollte man vor allem am Strand. Nachts empfiehlt es sich, die Fenster des Hotelzimmers geschlossen zu halten. Gegen Zahlung einer Gebühr steht Hotelgästen in vielen Häusern ein Safe zur Verfügung. Bei Ausflügen im Mietwagen ist darauf zu achten, dass wertvolle Gegenstände auch auf bewachten Parkplätzen nie im Leihwagen zurückbleiben.

Wurden Sie Opfer eines Diebstahls, müssen Sie Anzeige erstatten, um mit der Durchschrift des Polizeiprotokolls spätere Ansprüche bei der Reisegepäckversicherung geltend machen zu können. Wurde der Personalausweis gestohlen, wird ein Ersatzausweis erst dann vom Konsul ausgestellt, wenn diesem die Anzeige- und Verlustbestätigung der örtlichen Polizeibehörde vorliegt, dazu zwei Passfotos und möglichst eine Kopie des gestohlenen Ausweises.

Diplomatische Vertretungen

Auf Fuerteventura gibt es kein eigenes deutsches Konsulat. In Notfällen wenden sich Urlauber direkt an die Konsulatsabteilungen auf Gran Canaria , die Mo–Fr 9–12 Uhr geöffnet sind.

Bundesrepublik Deutschland
Calle Albareda 3, Las Palmas de Gran Canaria; Tel. 9 28-49 18 80, Fax 9 28-26 27 31

Österreich
Hotel Eugenia Victoria, Av. Gran Canaria 26, Playa del Inglés/Gran Canaria; Tel. 9 28-76 25 00, Fax 9 28-76 22 60

Schweiz
Domingo Rivero 2, Apto. 314, Las Palmas de Gran Canaria; Tel. 9 28-29 34 50, Fax 9 28-29 00 70

Feiertage

1. Januar	Neujahr
6. Januar	Tag der Heiligen Drei Könige
1. Mai	Tag der Arbeit
30. Mai	Tag der kanarischen Autonomie
29. Juni	Peter und Paul
25. Juli	Apostel Jakobus
15. August	Mariae Himmelfahrt
12. Oktober	Entdeckung Amerikas
1. November	Allerheiligen
6. Dezember	Verfassungstag
8. Dezember	Mariae Empfängnis
24. Dezember	Heiligabend
25. Dezember	Weihnachten

Geld

In den Ländern der Europäischen Union, zu denen auch Spanien gehört, gibt es eine einheitliche Währung, den Euro (€).

Bürger der Schweiz gehören nicht zur EU und kommen deshalb auch weiterhin nicht um die lästigen Wechselmodalitäten herum. Die Umtauschgebühren der spanischen Banken schwanken derzeit zwischen 1 und 4%; besonders ungünstig ist das Wechseln in der Ankunftshalle des Flughafens sowie in den meisten Hotels.

Banken gibt es in Morro Jable und Jandía, an der Costa Calma und in Gran Tarajal, in Puerto del Rosario, Pájara und Corralejo. Sie haben in der Regel Mo–Fr 9–14, im Winter auch Sa 9–12.30 Uhr geöffnet und verfügen über Automaten (»telebarco«), wo man mit Scheckkarte und Geheimnummer auch außerhalb der üblichen Schalterstunden die benötigte Summe im Rahmen der festgesetzten Höchstbeträge abheben kann.

Die auf Fuerteventura gebräuchlichsten Kreditkarten sind Visa und Mastercard. Sie werden von der Mehrzahl der Hotels und Restaurants sowie von Geschäften und Autovermietungen akzeptiert. Gehen die Kreditkarten verloren, sollte man sie unverzüglich sperren lassen: In Deutschland gibt es dafür die einheitliche Sperrnummer 00 49/11 61 16. Sie gilt für alle Kredit-, Maestro- und Handy-Karten. Österreicher und Schweizer müssen vor der Reise auch weiterhin bei ihrer zuständigen Bank die für die Kreditkarte zuständige Sperrnummer erfragen.

Nebenkosten in Euro

1 Tasse Kaffee	1,50
1 Glas Bier	2,00
1 Glas Cola	1,50
1 Brot (ca. 500g)	2,50
1 Schachtel Zigaretten	1,50
1 Liter Benzin	0,75
1 Busticket	1,00
Mietwagen/Tag	ab 25,00

Stand: Dezember 2006

Geografie

Der Kanarische Archipel liegt über 1000 km von der Iberischen Halbinsel, aber an seinem östlichsten Punkt (Fuerteventura) nur etwa 100 km von Kap Juby in der heutigen Westsahara entfernt. Geografisch gehört er zu Afrika, politisch zu Europa. Er besteht aus den sieben Inseln Lanzarote, Fuerteventura, Gran Canaria, Teneriffa, La Gomera, La Palma und El Hierro, die insgesamt eine Fläche von ca. 7500 qkm bedecken. Sie bilden die autonome Region Islas Canarias innerhalb des Königreichs Spanien.

Fuerteventura ist mit 1732 qkm die zweitgrößte Insel des Archipels. Sie ist 120 km lang und hat die Form eines Bumerangs. An ihrer breitesten Stelle misst sie 31 km, nach Süden zu wird sie schmal. Höchste Erhebung im Norden ist der Atalaya (726 m), im Süden der Pico de la Zarza (807 m). Im Westen fallen die Berge schroff zur Küste hin ab, im Osten bilden sich weite Täler, die durch so genannte »cuchillos« (Messer) voneinander getrennt sind; dort gleiten die Hänge sanft zur Küste hin ab und münden in Strände.

Internet

Internetcafés gibt es auf Fuerteventura in Corralejo und El Cotillo, Costa Calma und Jandía.

Wer schon vor der Reise surfen will, findet – vielleicht – nützliche

Fuerte-Infos unter einer der folgenden Adressen:
www.fuerteventuraturismo.com
www.cabildofuer.es
(Website der Inselregierung)
www.playasdejandia.com
(Touristeninformation Jandía)
www.infos-fuerteventura.de
www.fuerteonline.com
www.eCanarias.com
www.majorero.com
www.fuerteventurawindsurf.com
www.tauchen-fuerteventura.de

Kleidung

Leichte Sommerkleidung braucht man für den Tag, einen Pullover für den Abend. Nur in Vier- und Fünf-Sterne-Hotels wünscht man, dass die Herren im Restaurant »förmlich« gekleidet sind, das heißt, dort müssen Halbschuhe, lange Hose und Jackett mit ins Gepäck!

Medizinische Versorgung

Sind Sie bei einer gesetzlichen Krankenkasse oder Ersatzkasse versichert, können Sie sich während Ihres Aufenthalts auf Fuerteventura kostenlos behandeln lassen. Sie benötigen dazu die Europäische Versicherungskarte (European Health Insurance Card), die Sie im Bedarfsfall bei den Gesundheitszentren oder im Krankenhaus am Ortseingang von Puerto del Rosario vorlegen. Die Karte ist nicht nur gültig für alle Bürger der EU, sondern auch für die der Schweiz.

Der Abschluss einer zusätzlichen Kranken- und Rücktransportversicherung ist zu empfehlen, sofern Sie sich Ihren Arzt vor Ort frei wählen und die im Notfall entstehenden Kosten für den Rücktransport nicht selber übernehmen wollen. Wer privat versichert ist oder eine private Zusatzversicherung abgeschlossen hat, zahlt vor Ort, lässt sich eine Quittung ausstellen (»factura especificada«) und rechnet zu Hause ab.

Zahnärzte, die generell nur privat behandeln, gibt es in Puerto del Rosario und allen größeren Touristenorten.

Medikamente kauft man preiswert in Apotheken (»farmacias«). Diese sind mit einem grünen oder roten Malteserkreuz gekennzeichnet und zu den üblichen Ladenzeiten geöffnet (Mo–Fr 9–13 und 17–20, Sa meist 9–13 Uhr). Feiertags- und Nachtdienst (»farmacia de guardia«) sind an der Eingangstür der Apotheken angezeigt.

Notruf

Zentrale für Polizei, Notarzt und Feuerwehr: rund um die Uhr, auch deutschsprachig, besetzt.
Tel. 112

Post

Der Postdienst beschränkt sich auf das Abfertigen von Brief- und Paketsachen, Geldsendungen und Telegramme. Die Postämter (»correos«) sind Mo–Fr 9–13 und Sa 9–12 Uhr geöffnet. Telegramme können auch telefonisch unter der Nummer 22 20 00 aufgegeben werden.

Briefmarken (»sellos«) können außer bei der Post in Supermärkten, Souvenirshops und an der Hotelrezeption gekauft werden, doch – sehr wichtig! – nur die offiziellen Marken werden von der staatlichen Post zuverlässig befördert! Zum Zielort benötigt die Post in der Regel drei bis acht Tage.

Reisedokumente

Deutsche und österreichische Staatsbürger benötigen einen gültigen Personalausweis oder Reisepass und können auch länger als drei Monate auf Fuerteventura bleiben. Für Kinder ist ein gesonderter Ausweis (ab 14 Jahren mit Lichtbild) oder eine Eintragung im Pass der Eltern erforderlich. Schweizer Gäste können sich mit ihrer Identitätskarte drei Monate auf den Kanarischen Inseln aufhalten; für längere Reisen ist ein Visum erforderlich.

Reiseknigge

Kein Urlauber erlebt auf den Kanaren einen Kulturschock, jahrzehntelanger Tourismus, EU-Beitritt und Sat-TV haben viele Mentalitätsunterschiede eingeebnet. Gleichwohl gibt es paar Dinge, die man beachten sollte.

Außerhalb der Ferienzentren schätzt man noch immer die Siesta, was bedeutet, dass von ca. 13–17 Uhr die Geschäfte geschlossen und die Straßen leer sind. Dafür erstreckt sich das Alltagsgeschehen bis weit in die Nacht: Wer in kanarischem Ambiente speisen will, sollte mittags nicht vor 14 und abends nicht vor 21 Uhr ins Restaurant gehen; der Disco-Besuch ist am Wochenende nicht vor Mitternacht angesagt.

Kanarier legen großen Wert auf »richtige« Kleidung, keinesfalls möchten sie mit den »guiris« (abfälliger Ausdruck für Touristen) verwechselt werden. Während den Frauen großer modischer Spielraum eingeräumt wird, müssen Männer, die auf sich halten, im Winter geschlossene Schuhe anziehen und auf Shorts oder T-Shirts verzichten – und dies bei Temperaturen von 20 °C und mehr!

Leider ist inzwischen auch auf Fuerteventura in vielen Restaurants Wachsamkeit angesagt. Der Unsitte, Touristen Fantasiepreise abzuknöpfen, können Sie entgegentreten, indem Sie vor der Bestellung auf Einsicht in eine Karte bestehen und nach dem Mahl die Rechnung überprüfen. Enthält diese Fehler und will der Kellner keine Korrektur vornehmen, so reicht meist die einfache Frage nach dem Beschwerdebuch, um das Problem aus der Welt zu schaffen (→ Verbrauchertipps, S. 112). Falls Sie gern Mineralwasser trinken, sollten Sie prinzipiell »agua mineral con gas« (mit Kohlensäure) bestellen – Wasser ohne Kohlensäure (»sin gas«) bedeutet in manch einem Lokal, dass Sie in Flasche gefülltes Leitungswasser bekommen, für das überdies ein stolzer Preis verlangt wird.

Reisewetter

Auch im Winter sind die Temperaturen frühlingshaft. Das Thermometer steigt auf 20–24 °C, die Wassertemperatur liegt bei 17–19 °C. In den Sommermonaten ist es noch einige Grad wärmer, wobei der Passatwind dafür sorgt, dass es nicht zu heiß wird. Nur für die Dauer einiger Tage, wenn der Wind auf Ost oder Südost schwenkt, kann afrikanische Hitze zu den Inseln vorstoßen und die Temperaturen auf über 40 °C treiben.

Rundfunk und Fernsehen

Die Zimmer in den meisten größeren Hotels verfügen über Sat-TV, auch deutsche Programme sind dort zu empfangen. Wer mit Radio vorlieb nehmen muss, hört Weltnachrichten im Süden auf Canary Tourist Radio (Mittelwelle 747 Khz), im Norden auf Radio Europa (UKW 102,7 Mhz).

Sprache

In den Hotels der Touristenzentren kommt man auch ohne Spanischkenntnisse zurecht. Wer allerdings in kanarischen Bars und Restaurants etwas bestellen oder mit dem Bus über die Insel fahren möchte, sollte sich Grundkenntnisse aneignen. Wer essen gehen möchte, konsultiert den Essdolmetscher (→ S. 104).

Stromspannung

In touristischen Unterkünften beträgt die Stromspannung 220 Volt. Gibt es Probleme aufgrund unterschiedlicher Steckdosen, kaufen Sie im Supermarkt den passenden Adapter.

Telefon

In allen größeren Orten gibt es öffentliche Telefonzellen (»teléfonos públicos«), die für internationale Gespräche eingerichtet sind. Für Gespräche von Spanien ins Ausland gilt: Erst die Landesvorwahl 00 49 für Deutschland, 00 43 für Österreich und 00 41 für die Schweiz, dann die Ortsvorwahl ohne vorangestellte 0 und die Rufnummer des Teilnehmers. Am preiswertesten telefoniert man von einem Privatanschluss, die spanische Telefongesellschaft schlägt 35 % auf. Gespräche von öffentlichen Telefonzellen in die genannten Länder kosten deshalb mehr als 1,50 € pro Minute, nur von 22 bis 8 Uhr sowie an Wochenenden (Samstag 14 bis Montag 8 Uhr) ist das Telefonieren 20 % billiger. Telefónica-Zentralen gibt es in Morro Jable und in Corralejo.

Telefonkarten sind in Postämtern und Supermärkten, oft aber auch am Zeitungskiosk und in Tabakläden erhältlich.

Auskunft national: Tel. 0 03
Auskunft international: Tel. 0 25

Vorwahlen:
D, A, CH → E 00 34
E → D 00 49
E → A 00 43
E → CH 00 41

Tiere

Wer im Urlaub auf den eigenen Hund oder die Katze nicht verzichten möchte, muss den Transport bei der betreffenden Fluggesellschaft anmelden. Bei der Einreise muss außerdem ein vom Amtstierarzt beglaubigtes, in Spanisch und Deutsch verfasstes Tollwutimpfzeugnis vorgelegt werden. Die Impfung muss mindestens 30 Tage vor Reisebeginn erfolgt sein und darf längstens ein Jahr zurückliegen.

Trinkgeld

In Restaurants sind 5–10 % Trinkgeld üblich, sofern der Gast mit dem Service wirklich zufrieden war. Zimmermädchen und Portiers erwarten 3 € wöchentlich, Taxifahrer eine Aufrundung des Betrags.

Verbindungen zu den Nachbarinseln

Nach **Gran Canaria** kommt man mit Fährschiff ab Morro Jable (vier Stunden) oder Puerto del Rosario (acht Stunden).

Nur 20–35 Minuten braucht man für die Überfahrt an der nördlichen Meerenge nach **Lanzarote**. Die Reise startet in Corralejo, wo die privaten Reedereien Olsen und Armas mit mehreren Überfahrten täglich konkurrieren. Die Olsen-Fähre bietet kostenlosen Bustransfer von Playa Blanca nach Puerto del Carmen. Für die Hin- und Rückfahrt (»ida y vuelta«) zahlt man 26–30 €, Kinder und Jugendliche erhalten Rabatt. Auch die Mitnahme des Autos kann sich lohnen. Fünf Personen mit Auto zahlen ca. 120 €.

Lineas Fred Olsen
Terminal Corralejo; Tel. 9 28-53 50 90; www.fredolsen.es

Vom Flughafen Fuerteventuras starten Maschinen diverser konkurrierender Fluglinien mehrmals täglich zu den westlichen Nachbarinseln. Ein Hinflug kostet ca. 60 € nach Gran Canaria (Flugzeit 35 Minuten) und 85 € nach Teneriffa (Flugzeit 50 Minuten).

Verbrauchertipps

In Hotels, Bars und Restaurants müssen amtlich beglaubigte Preislisten aushängen. Stimmen die verlangten Preise nicht mit der offiziellen Liste überein, so genügt oft die bloße Frage nach dem »libro de reclamaciones« (Beschwerdebuch), um den Preis zu korrigieren.

Auf Fuerteventura sind alle touristischen Einrichtungen verpflichtet, ein entsprechendes Beschwerdebuch zu führen, das dem unzufriedenen Gast auszuhändigen ist, sofern dieser es verlangt. Das Beschwerdeblatt besteht aus einem Original und drei Kopien und kann auch in deutscher Sprache ausgefüllt werden. Eine der Kopien muss der Besitzer des Betriebs innerhalb eines Monats bei der Tourismusbehörde abgeben. Die Blätter tragen Registriernummern, damit die Klage nicht »verloren geht«. Wurde dem Beschuldigten jedoch bereits in der Vergangenheit unsauberes Verhalten nachgewiesen, droht der Lizenzentzug.

Verkehrsverbindungen

Mit dem Auto

Um das Inselinnere kennen zu lernen, braucht man einen Mietwagen, für die abgelegenen Orte im Südwesten sogar einen Jeep. Wer ein Auto mieten möchte, muss mindestens 21 Jahre alt sein und den Führerschein schon ein Jahr besitzen. Bei Vertragsabschluss ist der Personalausweis oder Reisepass vorzulegen.

Gut gewartete Wagen und freundlichen Service bietet die Firma **Cicar**, die nicht nur am Flughafen, sondern auch in den touristischen Hauptorten Jandía, Corralejo und Caleta de Fustes vertreten ist. Ab einer Mietdauer von mindestens drei Tagen gibt es Rabatt, voller Haftpflichtschutz und unbegrenzte Kilometerzahl sind garantiert. Wer bereits vor der Reise ein Auto reservieren will, um es am Hafenterminal oder am Flughafen in Empfang zu nehmen, wendet sich an die Zentrale und teilt den gewünschten Termin mit:

CICAR; Tel. 9 28-82 29 00; E-Mail: info@cicar.com; www.cicar.com

Die Höchstgeschwindigkeit in geschlossenen Ortschaften beträgt 50 km/h, auf Landstraßen 90 km/h. Es besteht Anschnallpflicht, die Promillegrenze liegt bei 0,8. Gelbe bzw. rot-weiße Bordsteinkanten bedeuten Parkverbot, bei blau-weißen Markierungen ist nur kurzfristiges Halten erlaubt. An Kreuzungen auf Schnellstraßen lautet der oberste Grundsatz: Der Verkehrsfluss auf der Hauptstraße darf nicht gehemmt werden! Um Unfälle zu vermeiden, bitte folgende Prozedur beachten: erst die Straße queren, dann sich einordnen im Minikreisverkehr und anschließend in die gewünschte Spur einschwenken!

Bußgelder sind auf astronomische Höhen geklettert, für das Überfahren der weißen Mittellinie wurden schon 60 €, für das Fahren ohne Gurt 90 € kassiert. Aber auch der Autovermieter kann Sie zur Kasse bitten. Sieht er, dass der Wagen mit Salzwasser oder Sand in Berührung ge-

Entfernungen (in km) zwischen wichtigen Orten

	Ajuy	Antigua	Betancuria	Costa Caleta	Corralejo	La Oliva	La Pared	Morro Jable	Pájara	Puerto del Rosario
Ajuy	–	33	26	57	77	58	35	69	10	56
Antigua	33	–	8	24	47	31	53	77	24	23
Betancuria	26	8	–	32	51	32	45	79	16	28
Costa Caleta	57	24	32	–	43	39	76	110	47	13
Corralejo	77	47	51	43	–	16	96	130	67	30
La Oliva	58	31	32	39	16	–	77	111	48	26
La Pared	35	53	45	76	96	77	–	34	29	73
Morro Jable	69	77	79	110	130	111	34	–	63	107
Pájara	10	24	16	47	67	48	29	63	–	44
Puerto del Rosario	56	23	28	13	30	26	73	107	44	–

kommen ist, riskieren Sie eine empfindliche Strafe. Bei einer Panne rufen Sie den Abschleppdienst
Grúas Morro Jable; Tel. 928-541211; Grúas Puerto del Rosario; Tel. 928-851690.

Mit dem Bus
Zwar gibt es inzwischen bedeutend mehr Busverbindungen als vor einigen Jahren, doch viele kleinere Orte werden nach wie vor nur einmal pro Tag angefahren oder bleiben ganz vom Busservice ausgespart. Fahrpläne liegen in der Touristeninformation, an der Hotelrezeption oder in Reisebüros aus; zuverlässig sind sie nicht. Generell empfiehlt es sich, 15 Minuten vor dem vorgesehenen Termin an der Haltestelle zu sein.

Mit Fahrrad, Moped oder Motorrad
Der starke Wind ist oft störend, und es mangelt an Radwegen. All das kann viele Urlauber nicht davon abhalten, die Insel auf einem Drahtesel zu erkunden. Mountainbikes kann man in Corralejo, Costa Calma und Jandía mieten.

Mit der Fähre
Von Corralejo im Norden gelangt man mehrmals täglich nach Playa Blanca auf Lanzarote, von Morro Jable im Süden nach Las Palmas de Gran Canaria.

Mit dem Taxi
Taxis können an der Rezeption bestellt werden; daneben gibt es in jedem größeren Dorf einen Taxistand (»parada de taxi«). Die Fahrzeuge sind erkennbar am SP-Schild (**Servicio Público**) oder haben ein grünes Licht auf dem Dach. Die Preise sind amtlich festgesetzt und in einer offiziellen Tarifliste aufgeführt, die jeder Taxifahrer mit sich führen muss.

Mit dem Boot
Ab **Costa Caleta** und **Morro Jable** starten mehrmals wöchentlich Ausflugsschiffe zu Touren entlang der Küste. In Corralejo werden Fahrten zur Felsinsel Lobos und zu den Papagayo-Stränden angeboten. Im Glasbodenboot erkundet man die seichte Meerenge El Río. Über Abfahrtszeiten und Preise informieren Reisebüros und Informationsstände am Hafen.

Wasser
Das Leitungswasser reicht aus fürs Waschen und Zähneputzen, doch wer sich einen Kaffee oder Tee kochen will, sollte im Supermarkt Quellwasser aus Plastikflaschen kaufen: »agua mineral con gas« (mit Kohlensäure) oder »sin gas« (ohne Kohlensäure).

Zeitungen und Zeitschriften
Deutschsprachige Zeitungen und Zeitschriften erreichen Fuerteventura in der Regel mit eintägiger Verspätung. Nur die »Bild«-Zeitung ist schneller – sie wird auf den Kanaren gedruckt. Bei Touristen beliebt ist das in deutscher Sprache erscheinende Wochenmagazin »Info Canarias« mit Beiträgen zu Politik, Wirtschaft und Kultur. Der touristische Teil konzentriert sich auf die Insel Gran Canaria, informiert aber auch über Fuerteventura.

Zeitverschiebung
Auf den Kanarischen Inseln besteht eine Stunde Zeitdifferenz zur MEZ, das heißt, Gäste aus Mitteleuropa müssen nach Ankunft ihre Uhren um eine Stunde zurückstellen.

Zoll
Solange die Sonderbestimmungen für die Kanarischen Inseln nicht aufgehoben sind, gelten folgende Mengenbeschränkungen: 200 Zigaretten oder 100 Zigarillos oder 50 Zigarren oder 250 g Tabak, 1 l Spirituosen (über 22 %) oder 2 l Wein (unter 22 %), 50 g Parfüm oder 0,25 l Eau de Cologne.

Weitere Auskünfte erhalten Sie unter www.zoll.de, www.bmf.gv.at/zoll und www.zoll.ch.

Kartenatlas

Orientierung leicht gemacht: mit Planquadraten und allen Orten und Sehenswürdigkeiten.

Legende

Routen und Touren

- Durchs Bergland nach Betancuria (S. 86)
- Durch den kargen Inselnorden (S. 88)
- MERIAN-Spezial: Die Strände von Barlovento (S. 90)
- Auf der Felsinsel Lobos (S. 92)
- Zur Nachbarinsel Lanzarote (S. 94)
- Küstentour nach El Cotillo (S. 97)

Sehenswürdigkeiten

- MERIAN-TopTen
- MERIAN-Tipp
- Sehenswürdigkeit, öffentl. Gebäude
- Sehenswürdigkeit Kultur

Sehenswürdigkeiten ff.

- Sehenswürdigkeit Natur
- Kirche
- Schloss, Burg; Ruine
- Museum
- Denkmal
- Leuchtturm; Windmühle
- Archäologische Stätte

Verkehr

- Autobahn
- Autobahnähnliche Straße
- Fernverkehrsstraße
- Hauptstraße
- Nebenstraße
- Unbefestigte Straße, Weg
- Schiffsanleger

Verkehr ff.

- Busbahnhof
- Bushaltestelle
- Flughafen

Sonstiges

- Information
- Markt
- Strand
- Friedhof
- Naturparkgrenze
- Salinen
- Dünen

A B C

1 2 3 4

Atlantischer
Ozean
Caleta de Beat
Faro de Tostón
Punta de la Ballena o de Tostón
Punta de la Enrocadiza
Los Lagos
Punta La Barra
Tostón
8 El Cotillo
Castillo de Rico Roque
Playa del Aljibe de la Cueva
Rincón de la Monteros
Laderas de la Manta
Casas de Taca
Barranco de Esquinzo
Punta de Paso Chico
Lomo de Esquinzo
Playa de Tebeto
Tin
Punta del Viento
Playa de la Mujer
Playa de Jarubio
146
Montaña Quemada
294
Monumento a Don Migue de Unamuno
Barranco de Jarubio
Punta del Salvaje
254
El Puerto de los Molinos
Bco. de los Molinos
Colonia García Escámez
Lomo Recogederos
Punta de Fuente Blanca
332
Salinas
323
Cuchillo del Cabo
Embalse de los Molinos
Casilla
Bar. de los Mozos
Playa del Valle
Aguas Verdes
Punta de los Caletones
Llanos de la Concepción
Casas El Almácigo
Punta del Junquillo
118
Valle de Santa Inés

A B C

D
E
F
1
2
3
4
Faro de Lobos
Punta Martiño
Playa de la Arena
Isla de Lobos
Lobos 127
Punta de la Tiñosa
Playa del Sobrado
Punta Salidero
El Charco de Bristol
Punta de Corralejo
Corralejo
Playa de Corralejo
Punta El Marrajo
Caleta de la Rasca
Karte siehe Seite 93
Punta de Tivas
Rincón
Majanicho
152 Montaña de la Mancha
Coto de los Mojoncillos
Malpaís de Bayuyo
269 Bayuyo
Dunas de Corralejo
Parque Natural de Corralejo
Playa Bajo Negro
95
Casa de la Costilla
FV101
Lajares
Arriba
181
Casas Peña Azul
Casas de Los Apartaderos
126
Playa Alzada
Casilla de Costa
183
Arena 420
329
M. Roja 312
Costa Roja
Villaverde
529 Montaña de Escanfraga
Playa de la Cazuela
Oliva 325
Museo del Grano
Casa Mané
La Oliva
Barranco Azul
Parque Holandés
Punta Uña Gato
Casa de los Coroneles
370
287
Playa del Chinchorro
Casas El Jablito
530
Caldereta
689 Muda
Vallebrón
464
Casas de Las Llanadas
Barranco de Valhondo
La Matilla
Casas de Valhondo
Casa del Tío Luis Machín
Casa de la Tía Cristina
Punta de la Tiñosa
El Time
Guisguey
Temejereque 511
Erm ta de las Mercedes
Playa del Charquito
686 Aceitunal
Casas de la Herradura
Gamón 214
Puerto Lajas
Playa de las Lajas
Punta del Roque
Tetir
Barranco de la Herradura
Los Estancos
FV10
Rosa de la Monja
San
392 La Caldereta
La Asomada
chillos 625
565
Punta de las Arenas
PUERTO DEL ROSARIO
FV20
Tesjuates
Zurita 275
Punta los Pozos
Los Pozos
Playa Blanca
Llano del Sol
Playa Blanca
119
0 4 km
© MERIAN-Kartographie

118
A
B
116
C
Playa del Valle
Aguas Verdes
Punta de los Caletones
Punta del Junquillo
Bco. de Jancy
Morro de la Cruz
676
480
Morro Negro
Punta del Tarajalito
Tablero de la Herradura
Betancuria
724
Arco del Jurao (Peña Horadada)
Barranco de la Peña
B. de la Madre del Agua
Caleta Negra
Ajuy
3
8
Punta del Cantil
Playa de los Muertos
Puerto de la Peña
B. de Ajuy
Vega de Río Palmas
Virgen de la Peña
Presa de las Peñitas
Mézquez
708
Gran Montaña
609
Fénduca
Punta de la Canal
414
Mézquez
Toto
Pájara
Bárgeda
Tisca
American Star
Zona Militar
606
Carbón
Casas de Las Salinas
250
Bco. de Vigocho
Tuineje
Casa del Alto
Vigocho
382
Las Casitas
Casas de la Florida
Fayagua
407
Bar. Amanay
Casilla Blanca
FV605
631
Punta Amanay
Tesejerague
334
Montaña Hendida
Cortijo de Diego Alonso
Punta de las Goteras
Barranco de los Corrales
345
691
Cardón
Cardón
121
Huertas de Chilegua
437
Montaña Areguila
Ugán
Casas de Tamaretilla
Casas de Violante
3
Pablo
402
Las Hermosas
Caracol
464
Punta de Guadalupe
Playa del Viejo Rey
Punta del Burranco
La Pared
258
Barranco de Gerepe
Cuchillo de los Charcos
Giniginamar
166
Boquetes
9
Tarajalejo
123
Granillo
La Lajita
Playa de Tarajalejo
Istmo de la Pared
Casas de Matas Blancas
7
A
121
Playa de la Lajita
B
C
Costa Calma
5
Playa de la Jaqueta
Punta de los Molinillos
5
6
7
8

117
119
ROSARIO
Tesjuates
Zurita
275
Punta los Pozos
Los Pozos
Playa Blanca
FV20
D
E
F
Casas
El Almácigo
542
La Ampuyenta
Llano del Sol
Playa Blanca
Bar. de R. Cabras
Valle de Santa Inés
339
593
Rosa del Taro
Aeropuerto de Fuerteventura
Cuesta del Cuchillo
Solana Peinada
El Matorral
Punta Gonzalo
5
Barranco de Jenejey
Triquivijate
Antigua
Casas de Escaque
Barranco de la Boca del Risco
Ermita de San Francisco
Las Posetas
416
Cuchillete de Buenavista
Costa Caleta (Caleta de Fustes)
Valles de Ortega
Ermita de San Roque
Casas de Majada B anca
Casas de El Cortijo
Casas de la Guirra
Playa del Castillo
Casillas de Morales
Agua de Bueyes
Finca del Vicario
Las Salinas del Carmen
Las Salinas del Carmen
Playa del Muellito
6
461
Agua de Bueyes
184
Barranco de la Buca de Pozo Negro
494
Agudo
Barranco de la Torre
Ruinas Guanches
Centro de Interpretación de los Molinos
228
162
Malpaís Chico
433
Morro de los Halcones
Caleta e la Ballena
Malpaís Grande
Playa de Leandro
Casas Hondas
Punta del Viento
255
Casas del Saladillo
Pozo Negro
Playa de Pozo Negro
Tablero del Saladillo
Casas de Tonicosuey
439
Cuesta Chillona
Playa de los Vallichuelos
Punta de la Jaqueta
Casas de Ezquén
Bco. Valle de la Cueva
Barranco del Pozo
183
Caldera de Jacomar
435
7
Punta Gorda
FV20
Teguital
Casas de Jacomar
Punta de las Borriquillas
Casas de la Cañada de Teguital
Barranco de Gran Valle
462
Vigán
Punta de Gran Valle
Divisoria de Piedras Caídas
Río Gran Tarajal
Punta del Cháfiro
Playa de los James
La Entallada
185
Las Playitas
Peñón del Roque
Playa del Pajarito
Playa de las Playitas
Playa de los Pobres
8
Gran Tarajal
150
Puntas de Piedras Caídas o Morro de Gran Tarajal
a de Gran Tarajal
Las Palmas (Gran Canaria)
D
E
0
4 km
© MERIAN-Kartographie
N

A
B
C
9
10
11
12
Atlantischer
Ozean
Punta de Barlovento
Playa de Barlovento
El Islote
Morro de
Natura
Casas
Mal No
Divisoria de
Playa de Cofete
El Golfo
Cofete
Pico de la Zarza
807
Villa Winter
Bco. de Vinamar
Casas de Esqu
de Jandía
Punta Pesebre
Caleta de la Madera
Punta de Mal Rayo
Punta de Barlovento
Roque del Moro
189
Las Talahijas
M. Aguda
495
Fraile
683
Península
Playa de Ojos
Cueva de la Negra
Casas Cueva de la Negra
Cuchillo del Palo
Casas de Gran Valle
Casas del Ciervo
Cuchillo de Ciervo
Puerto de la Cruz
Moro de Potala
Playa de las Pilas
Faro de Jandía
Casas de Jorós
Corral Bermejo
336
Morro Jable
Jandía
Punta de la Cebada
Las Palmas (Gran Canaria)
Playa de

D
E
F
American Star
118
Pajara
Zona Militar
Casas de Las Salinas
Bco. de Vigocho
250
Casa del Alto
Vigocho
382
Fayagua
407
Bar. Amanay
FV605
631
9
Punta Amanay
Tesejerag
334
Punta de
las Goteras
Montaña
Hendida
691 Cardón
Cardón
Huertas
de Chilegua
437
Montaña
Areguita
Ugán
Casas de
Tamaretilla
Barranco de los Corrales
402
Las Hermosas
Punta de
Guadalupe
10
Playa del Viejo Rey
Punta del Burranco
La
Pared
Barranco de Gerepe
Cuchillo de los Charcos
258
Los Boquetes
166
Tarajalejo
123
Cranillo
La Lajita
Playa de
Tarajalejo
Istmo de
la Pared
Casas de Matas
Blancas
213
Playa de La Lajita
Costa Calma
Playa de la Jaqueta
Punta de los Molinillos
El
Jable
Playa Costa Calma
Playa Barca
4
11
154
Los Verdes
Playa Esmeralda
Pecenescal
253
Risco del
Paso
FV2
Playas de
Sotavento de
Jandía
1
Risco
del Paso
Puerto del Rosario
Boca de Mal Nombre
Playa Esquinzo
Playa de Butihondo
12
Las Palmas (Gran Canaria)
D
E
0
4 km
N

Zeichenerklärung
❍ Orte
∆ Kap, Insel
▲ Gebirge
∞ Landschaft
~ Gewässer, Strand
★ Sehenswürdigkeit
☆ Nationalpark

Hier finden Sie alphabetisch aufgeführt alle in diesem Band beschriebenen Orte und Ziele, Routen und Touren. Bei einzelnen Sehenswürdigkeiten steht jeweils der dazugehörige Ort in Klammern, bei Hotels steht zusätzlich die Abkürzung H für Hotel. Außerdem enthält das Register wichtige Stichworte sowie alle MERIAN-TopTen und MERIAN-Tipps dieses Reiseführers. Wird ein Begriff mehrfach aufgeführt, verweist die **fett** gedruckte Zahl auf die Hauptnennung im Band, eine *kursive* Zahl verweist auf ein Foto.

Liebe Leserinnen und Leser,
wir freuen uns, Ihre Meinung zu diesem Reiseführer zu erfahren. Bitte schreiben Sie uns, wenn Sie Berichtigungen und Ergänzungsvorschläge haben oder wenn Ihnen etwas besonders gut gefällt:

TRAVEL HOUSE MEDIA GmbH, Postfach 86 03 66, 81630 München
E-Mail: merian-live@travel-house-media.de Internet: www.merian.de

DIE AUTORIN
Izabella Gawin, Jahrgang 1964, studierte Kunst, Spanisch und Deutsch. 1994 promovierte sie über die Kulturgeschichte der Kanarischen Inseln. Die Journalistin und Reisebuchautorin verbringt jedes Jahr mehrere Monate auf dem Archipel.

Alle Angaben in diesem Reiseführer sind gewissenhaft geprüft. Preise, Öffnungszeiten usw. können sich aber schnell ändern. Für eventuelle Fehler übernimmt der Verlag keine Haftung.

Bei Interesse an Karten aus MERIAN-Reiseführern schreiben Sie bitte an:
iPUBLISH GmbH, geomatics
Berg-am-Laim-Straße 47
81673 München
E-Mail: geomatics@ipublish.de

FOTOS
Titelbild: Surfer vor Fuerteventura (F. M. Frei)
H. Eid/laif 6, 8, 87; F. M. Frei 4/5, 12/13, 16, 26, 40, 50, 52, 56, 71, 73, 92, 96; I. Gawin 20, 25, 48, 60, 65, 79, 89, 90, 94; B. Jochum/Nesler 10; P. S. Kristensen/laif 14, 19; J. Modrow/laif 31; A. Neumann/laif 7, 9, 32, 34/35, 38, 42, 64, 66, 68, 69, 80, 84/85; C. Piepenburg/laif 30; J. Richter/look 22, 86; R. Schmid/Bildagentur Huber 36; T. Stankiewicz 24, 63, 88, 107; K. Thiele/Bildagentur Huber 28; Zoom/Bildagentur Huber 98/99

PROGRAMMLEITUNG
Susanne Böttcher
REDAKTION
Susanne Kronester
LEKTORAT
Martina Gorgas
GESTALTUNG
wieschendorf.design, Berlin
KARTEN
MERIAN-Kartographie
SATZ/TECHNISCHE PRODUKTION
H3A GmbH, München
DRUCK
Appl, Wemding
BINDUNG
Auer, Donauwörth
GEDRUCKT AUF
Nopacoat Edition von der Papier Union

2. Auflage

TRAVEL HOUSE MEDIA

Ein Unternehmen der
GANSKE VERLAGSGRUPPE

Fuerteventura

MERIAN-Tipps

Tipps und Empfehlungen für Kenner und Individualisten

1 **Casa de los Rugama**
Das Landhaus in Casillas del Ángel bietet eine komfortable Alternative zum Trubel in den Küstenorten (→ S. 15).

2 **Restaurant und Wohnanlage Coronado**
30 Meter über dem Strand von Jandía lässt es sich ebenso gut wohnen wie essen (→ S. 17).

3 **Strandlokale in Corralejo**
An der autofreien Promenade kann man lustvoll speisen und dabei das Treiben im Hafen beobachten (→ S. 19).

4 **World Cup der Surfer in Playa Barca**
Hier treffen sich die Surf-Cracks aus aller Welt und begeistern mit akrobatischen Darbietungen (→ S. 29).

5 **Minikreuzfahrt**
Von Corralejo aus startet man zu einer sechsstündigen Ausflugsfahrt (→ S. 39).

6 **Marabú – kulinarisches Highlight im Süden**
Feine kanarische Küche im Landhaus-Ambiente in Esquinzo (→ S. 53).

7 **Zeitreise in der Casa Santa María in Betancuria**
Das liebevoll restaurierte Herrenhaus ist auch etwas für Museumsmuffel (→ S. 62).

8 **Szenetreff Los Cabezones**
Das gemütlich eingerichtete Café in El Cotillo überzeugt durch hausgemachte Kuchen und Torten (→ S. 67).

9 **Tenderete – Bar am Ende der Welt in Puerto del Rosario**
Am Südwestzipfel der Insel gibt es in der Bar Tenderete den besten Fischeintopf (→ S. 74).

10 **Unamuno-Museum**
In Puerto del Rosario berichtet das Museum über Leben und Werk des Schriftstellers (→ S. 76).

← MERIAN-TopTen
finden Sie auf Seite 1